中国纯碱工业发展史

叶铁林　编著

北京工业大学出版社

内 容 简 介

本书以充实的史料和产能数据，全面记述了中国纯碱工业在近现代不断发展壮大的光辉历程，同时记述了纯碱工业产品、生产过程的发展变化，还记述了有关人物和事迹及对往事的回顾。本书可供从事化学、化工及有关人员学习参考，也可作为工业院校的教学参考书。

图书在版编目（CIP）数据

中国纯碱工业发展史/叶铁林编著. —北京：北京工业大学出版社，2020.6
ISBN 978-7-5639-7287-6

Ⅰ. ①中… Ⅱ. ①叶… Ⅲ. ①纯碱生产-工业史-中国-1917-2017 Ⅳ. ①F426.78

中国版本图书馆 CIP 数据核字（2020）第 016616 号

中国纯碱工业发展史

ZHONGGUO CHUNJIAN GONGYE FAZHAN SHI

编　　著：	叶铁林
责任编辑：	贺　帆　李周辉
封面设计：	星河博文
出版发行：	北京工业大学出版社
	（北京市朝阳区平乐园 100 号　邮编：100124）
	010-67391722（传真）　bgdcbs@sina.com
经销单位：	全国各地新华书店
承印单位：	保定市嘉图印刷有限公司
开　　本：	787 毫米×1092 毫米　1/16
印　　张：	9
字　　数：	164 千字
版　　次：	2020 年 6 月第 1 版
印　　次：	2020 年 6 月第 1 次印刷
标准书号：	ISBN 978-7-5639-7287-6
定　　价：	58.00 元

献给中国纯碱工业创建一百年

序　言

　　纯碱工业是我国乃至世界起步较早的化学工业之一。它的工艺过程单元全面，设备多样，是典型的化工过程样本。而且它所包含的产品品种较多，并且是最基本的化工原料。纯碱工业的发展也培养了大量的化工技术骨干，为化学工业乃至其他行业培养了大量科技人才。因此，纯碱工业有"化学工业之母"的美称。不仅如此，由于我国纯碱工业发展较早，技术力量较强，因此，对世界纯碱工业的发展也起到重要作用。

　　中国纯碱工业的发展史是化学工业发展史的缩影、典型、典范，可以作为化学工业乃至工业发展史的样本，也可以作为化学工业乃至工科教育和教学的参考资料。因此，《中国纯碱工业发展史》的出版具有特殊意义，必将产生积极影响。

中国工程院院士

纯碱工业专家

2019 年 6 月 25 日

前　言

　　中国纯碱工业是起步较早的化学工业之一。在中国纯碱工业的发展过程中，不仅有最早以芒硝为原料的路布兰法制纯碱，而且有加工利用天然碱为原料制纯碱。创建于1917年的永利碱厂，是中国乃至亚洲最早的索尔维法制纯碱的大型碱厂。经过十年的摸索，永利碱厂于1926年生产出合格的"红三角"牌纯碱，同年获得美国费城世界博览会奖章，被誉为"中国近代工业进步的象征"。

　　我国科学家侯德榜是纯碱工业的开拓者，早在1933年，他就在美国发表了世界首部纯碱工业专著 *Manufacture of Soda*（即《纯碱制造》），打破了西方国家在纯碱生产技术方面的垄断。此书译有多种文本，在世界各国有深远影响。

　　中国纯碱工业不断发展壮大，到2004年其产能已跃居世界首位。2012年，不仅产量，而且技术水平、生产方法，均达到世界领先。中国纯碱工业作为化学工业的开端和先驱，其生产、技术与其相关著作相互依存，相伴发展，相得益彰。从侯德榜先生的英文版《纯碱制造》，到1960年他所著的《制碱工学》，再到侯德榜先生去世后，为纪念他100周年诞辰，他的学生和同事于1990年完成并获得国家优秀图书奖和化工部科技进步奖的大型工学书《纯碱工学》，这些著作都见证了中国纯碱工业的发展和壮大。随着科技进步和纯碱工业的发展，2004年内容更新的《纯碱工学》第二版问世，至此，跨越了两个世纪，70年的历程，成为一部传世之作。为此，《中国新闻出版报》2004年11月2日作为头条书评发表署名文章。到2014年第三版《纯碱工学》出版，走过了80年的历程，也记述了中国纯碱工业100年发展的光辉历史。中国纯碱工业100年的发展史，是中国化学工业发展史的缩影。

　　本书在编写过程中得到了同行、专家的指点，也参阅了大量有关资料。纯碱工业专家、中国工程院周光耀院士为此书作序，为本书增辉，本人深受鼓舞，一并深表谢意。

本书限于篇幅和个人水平，难免挂一漏万，还望同行、读者海涵，不足之处还望指正。

叶铁林

目　　录

第一章 纯碱工业概述

第一节 引言

纯碱即碳酸钠，英文为 natron，也称 soda，中国译称苏打。从化学理论分析，纯碱不是"碱"而是无机"盐"，有关内容将在后面的相关章节中讲述。但是，由于纯碱表现出许多碱的特性，在工业上惯称为碱。中国广泛称之为纯碱，是因为制造的产品纯度极高，在最早的永利碱厂以"纯碱"命名，沿用至今。

一、纯碱工业在国民经济中的重要地位

纯碱是基本化学工业中产量最大的产品，是用途十分广泛的基本工业原料。它的产量和用量标志着一个国家工业发达的程度。早在路布兰法兴起的时代，由于综合利用原料，不仅生产纯碱，而且带动了硫酸、芒硝、硫代硫酸钠、苛性钠、盐酸等化工产品的生产，形成了综合性生产的化学工业。它是最基本的化工原料，与重工业、轻工业、科学文化事业、人民生活均有密切关系。纯碱工业由于规模大、连续性强，而且机械化程度高、设备大型化，成为世界上发展最早的大型化学工业。由于纯碱生产过程包括的化工单元过程多、设备类型多、关联产品多，因而它的发展奠定了化学工业发展的基础，也促进了化学工业的发展。不论是其他国家还是中国，其化学工业都源于纯碱工业。纯碱工业的发展也造就了大批技术人才，在世界各国，纯碱工业部门向其他化学工业乃至其他技术领域输送了大量杰出的科技人员，他们为工业和科学技术事业的发展做出了很大的

贡献。

二、中国最早的化学工业

纯碱工业是我国起步较早的化学工业，有"化学工业之母"的美称。1926年，永利碱厂生产的"红三角"牌纯碱荣获美国费城世界博览会奖章，成为我国化工史上一件振奋人心的大事。我国纯碱工业的创始人范旭东是化学工业最早的开拓者；我国纯碱工业的另一位创始人侯德榜发明的侯氏制碱法，在世界化学史上写下了光辉的一页。他于 1933 年发表的英文专著 *Manufacture of Soda*（即《纯碱制造》），是世界公认的最早的制碱权威专著，传世至今。我国纯碱工业的创立和发展，带动了我国化学工业的全面发展，也为化学工业乃至其他科技领域培养了大批科技人才。这些科技人才为我国工业和科学技术的发展做出了杰出贡献，也为世界化学工业的发展做出了很大贡献。因此，我国纯碱工业的发展史在中国化学工业史中占有重要地位。

第二节 纯碱工业产品

纯碱工业产品，即纯碱工业所关联的产品。各国根据需要及生产特点（包括不同的原料），生产相关联的产品。中国纯碱工业生产的产品有纯碱（轻灰和重灰）、氯化铵（工业用及农用）、烧碱、小苏打、氯化钙和再制盐、碳酸氢铵（工业用）、碳氧、食用面碱、水玻璃、混合肥料、过碳酸钠等。现就主要关联产品进行概要介绍。

一、纯碱

（一）纯碱产品的性质

1. 纯碱产品的物理性质

纯碱学名碳酸钠，又名苏打、碱灰（soda ash），为白色粉状或粒状物，化学式为 Na_2CO_3，相对分子质量为 105.989，密度（25 ℃）为 2.54 g/cm^3，熔点为858.1 ℃，比热容 20 ℃时为 1 042 $J/(kg \cdot K)$。

纯碱产品主要有两种，即重质纯碱（重灰）和轻质纯碱（轻灰）。此外还有超轻质纯碱和超重质纯碱。其规格的区别主要在于物理性质的不同，如松密度、粒子大小和形状及安息角等。一般轻质纯碱密度为 500～600 kg/m^3，重质纯碱密度为 1 000～1 200 kg/m^3，超轻质纯碱密度为 370 kg/m^3 左右，超重质纯碱密度为 1 550～2 553 kg/m^3。纯碱在散装时，其松密度如表 1-1 所示。

表 1-1 纯碱散装时的松密度

名称	松散自由倒入/kg·m⁻³	摇动或振动/kg·m⁻³	工程应用	
			储仓容积/kg·m⁻³	计算结构强度/kg·m⁻³
轻质纯碱	560	736	608	750
重质纯碱	1 090	1 250	1 120	1 250

10 t 干纯碱在散装仓中所占体积为：轻质纯碱 15 m³；重质纯碱 8.21 m³。

干燥的纯碱具有半流动性，在进入碱仓或车厢时，常自流成一角度，这与产品粒度有关，其堆存角度（安息角）为：轻质纯碱 50°；重质纯碱 45°。

重质纯碱的生产方法有固相水合法、液相水合法（蒸发法）、结晶法和挤压法等。

2. 纯碱产品的化学性质

碳酸钠易溶于水，在水中的溶解度有特殊的变化，即在比较低的温度下即 35.4 ℃可达到最大溶解度，此时 100 份水可溶解 49.7 份 Na_2CO_3，得到的溶液含 Na_2CO_3 3.2%（质量）。碳酸钠有以下三种水合物。

（1）一水碳酸钠（$Na_2CO_3 \cdot H_2O$）

$Na_2CO_3 \cdot H_2O$ 含有 85.48% Na_2CO_3 和 14.52% 结晶水，当高于 35.4 ℃时，它从饱和溶液中析出结晶；当加热时，失去水分，溶解度稍有降低，当与饱和溶液接触时，在 109 ℃转变为碳酸钠。

（2）七水碳酸钠（$Na_2CO_3 \cdot 7H_2O$）

$Na_2CO_3 \cdot 7H_2O$ 的稳定范围狭小，仅在 32~35.4 ℃存在，所以没有工业价值。

（3）十水碳酸钠（$Na_2CO_3 \cdot 10H_2O$）

$Na_2CO_3 \cdot 10H_2O$ 为透明结晶，含有 37.06% Na_2CO_3 和 62.94% 结晶水，它可以从低于 32 ℃高于 -2.1 ℃的饱和溶液中结晶出来，在干燥空气中，十水碳酸钠易风化成一水碳酸钠。

纯碱溶于水中，溶液呈碱性，在高温时分解成 Na_2O 及 CO_2。纯碱能与酸进行中和反应并缓慢在空气中吸收 CO_2 及 H_2O 生成倍半碱（$Na_2CO_3 \cdot NaHCO_3 \cdot 2H_2O$）。但是碳酸钠的分子结构表明，它并没有氢氧原子团，因而它实质上不是"碱"，而是一种"强碱"和"弱酸"化合后所生成的盐。其中生成纯碱（Na_2CO_3）的典型化学反应为

$$2NaOH + H_2CO_3 \rightleftharpoons Na_2CO_3 + 2H_2O$$

纯碱虽然干燥时候是一种中性盐，但是它在某些条件下，表现出了碱的特性。正因为如此，再加之用人工合成方法可以得到高纯度的产品，故纯碱成为碳酸钠的惯称。由于碳酸钠有"碱"的性质，所以用途十分广泛。

（二）纯碱产品质量标准

1. 工业碳酸钠标准

见表 1-2。GB 210—92 标准适用于氨碱法、联合制碱法和天然碱加工法等

法所制得的不同用途的工业碳酸钠。外观为白色粉末结晶。

表 1-2　工业碳酸钠标准（GB 210—92）

指标名称	指标						
	Ⅰ类	Ⅱ类			Ⅲ类		
	优等品	优等品	一等品	合格品	优等品	一等品	合格品
总碱量（以 Na_2CO_3 计）/% ≥	99.2	99.2	98.8	98.0	99.1	98.8	98.0
氯化物（以 NaCl 计）含量/% ≤	0.50	0.70	0.90	1.20	0.70	0.90	1.20
铁（Fe）含量/% ≤	0.004	0.004	0.006	0.010	0.004	0.006	0.010
硫酸盐（以 SO 计）含量/% ≤	0.03	0.03①	—	—	—	—	—
水不溶物含量/% ≤	0.04	0.04	0.10	0.15	0.04	0.10	0.15
烧失量/%	0.8	0.8	1.0	1.3	0.8	1.0	1.3
堆积密度②/g·mL⁻¹ ≥	0.85	0.90	0.90	0.90	0.90	0.90	0.90
180 μm ≥	75.0	70.0	65.0	60.0	70.0	65.0	60.0
粒度：1.18 mm 筛余物/% ≤	20	—	—	—	—	—	—

注：①为氨碱法控制项目，用户有要求时检验；②为包装时检验结果；③为重质碳酸钠控制项目。

2. 碳酸钠食品添加剂标准

GB 1886—80 标准适用于氨碱法及联合制碱法制得的碳酸钠（纯碱），用于食品加工工业。见表 1-3。外观为白色粉末状结晶。

表 1-3　碳酸钠食品添加剂标准（GB 1886—83）

指标名称	指标	指标名称	指标
总碱（以 Na_2CO_3 计）/%	99.0	烧失量/%	0.50
氯化物（以 NaCl 计）/%	0.80	重金属（以 Pb 计）/%	0.001
铁（以 Fe_2O_3 计）/%	0.008	砷（As）/%	0.000 2
水不溶物/%	0.10		

注：其他参见工业碳酸钠。

3. 照相用碳酸钠标准

见表 1-4。

表 1-4　照相用碳酸钠标准（GB 10556—89）

指标名称	指标	指标名称	指标
水溶液外观	合格	铁（Fe）/%	0.002
碳酸氢盐（以 $NaHCO_3$ 计）/% ≤	0.4	重金属（以 Pb 计）/% ≤	0.001
游离碱（以 NaOH 计）/% ≤	0.17	硝酸银铵溶液反应	合格
卤化物（以 NaCl 计）/% ≤	0.5		

4. 重质纯碱（工业重质纯碱）

见表1-5。外观为白色微粒状结晶。

表 1-5 重质纯碱 (ZBG 12001—86)

指标名称	含量	指标名称	含量
总碱量（以 Na_2CO_3 计）/% ≤	99.1	松密度/g·mL^{-1}	0.85
氯化物（以 NaCl 计）/% ≤	0.5	表观（密度）/g·mL^{-1}	—
铁（以 Fe_2O_3 计）/% ≤	0.008	粒度（180 μm 筛网筛余份/%）≥	75
200 ℃矢量/% ≤	1.0	水不溶物/%	—

除上述国家产品标准外，还有企业标准和专门用户的特殊要求。例如电视机显像管玻璃壳对重质纯碱有特殊要求，见表1-6。

表 1-6 纯碱特殊用户的质量要求

项目		上海显像管玻壳厂	项目		日本
粒度	16 网目	0.0%	粒度	177 μm 以下	<25%
	20 网目	1.0%		500 μm 以上	<20%
	28 网目	5.0%			
	100 网目	90.0%		1 000 μm	<0%
	150 网目	97.0%			
质量分数	Na_2CO_3/%	99.7	质量分数	Na_2CO_3/%	99.1
	Fe_2O_3/%	0.001		NaCl/%	<0.5
	Cl/%	0.025		Cr_2O_3/10^{-6}	<1
	SO_4^{2}/%	0.03		Fe_2O_3/%	<0.002
				其他（Co_3O_4、CuO、NiO、V_2O_5）/10^{-6}	<5

（三）纯碱用途

1. 用作基本化工原料

纯碱是重要的基本化工原料，用途广泛，需求量大。以纯碱为原料可以制取其他品种的碱和无机盐等化工产品，例如：

①用石灰苛化法制取苛化烧碱；

②以碳酸化法可以制取洁碱（小苏打）；

③纯碱与硅砂在熔融条件下，可以制得泡花碱（硅酸钠）；

④以再结晶法可以制得晶碱（十水碳酸钠）；

⑤硫化钡法和石灰硫化氢法，均可用以纯碱制取硫化碱；

⑥以纯碱为原料可以制得各种含钠盐类；

⑦用作生产其他化工产品的原料和辅料。

2. 用作基本工业原料

纯碱还可大量地应用于玻璃工业、冶金工业（如炼铝）、纺织工业、造纸、石油化工、食品及民用等。因此，纯碱被称为基本工业原料，在国民经济中占有重要地位。纯碱的产量和用量标志着一个国家的工业水平。纯碱消耗现状见表1-7。

表1-7 纯碱主要用途的消耗比例

用途	欧洲、美国、日本	中国	用途	欧洲、美国、日本	中国
玻璃	40%～55%	40%～50%	造纸	1%～3%	1%～3%
化工产品	15%～26%	15%～20%	水处理	1%～3%	1%～3%
洗涤剂	5%～10%	5%～10%	其他	15%～20%	20%～25%

我国于1924年8月13日生产出首批碳酸钠产品，1926年6月生产出含量超过99%的碳酸钠产品并定名为"纯碱"，商标为"红三角"牌。

二、氯化铵

1. 性质和用途

氯化铵是无色等轴系结晶，分子式为 NH_4Cl，相对分子质量为53.497，密度为1.527 g/cm³（20 ℃），比热容为1 553.3 J/(kg·K)（0～55 ℃），熔点为400 ℃，溶解热为16.75 J/mol，易溶于水，随温度升高溶解度显著增加。NH_4Cl 的饱和水溶液相对密度为1.075（19 ℃），沸点为115.6 ℃。氯化铵在水中呈弱酸性，加热时酸性增强。由于有 Cl^- 的存在，对管道设备（一般钢铁）腐蚀性非常强。氯化铵极易吸潮结块，给运输、储存、使用带来不少困难，所以在生产过程中要添加防结块剂。氯化铵加热到320 ℃时升华，分解为氨和氯化氢气体。

氯化铵是联合制碱法的联产产品。联合制碱法每生产1 t纯碱的同时副产1 t氯化铵。2002年中国的氯化铵产量是4 210 kt，主要为农业氯化铵，工业氯化铵约为120 kt。中国的氯化铵产量居世界第一位。

氯化铵主要用于农业作为氮素肥料，含氮在25%以上，在中国施用于排灌良好的水稻田，不但增产效果显著，而且肥效快且持久。氯化铵的硝化速度慢，因为氯化铵中含有 Cl^-，对硝化细菌有一定的抑制作用，可减少硝态氮的形成，硝化过程慢于尿素。在中性或酸性土壤上施用时，为了防止土壤酸化，要注意结合施用石灰或钙镁肥，但不要与氯化铵同时施用。氯化铵除用于水稻外，对玉米、小麦、棉花、谷子、油菜、麻类也有不同程度的增产效果。对耐氯较差的作物如甘薯、马铃薯、甜菜等，宜少用或不用。对忌氯化物如烟草等不宜施用。

工业氯化铵可用于干电池和蓄电池的制造，还可用于金属焊接、电镀、印染、医药、精密铸造、阻燃耐火剂、化学试剂及制造无机聚合物等。

食用氯化铵一般与碳酸氢钠混合后使用，用量约为碳酸氢钠的 25％。主要用于面包、饼干制作等。

药用氯化铵可用作祛痰药和利尿药。

饲料添加剂用氯化铵主要用于反刍动物饲料添加，提高产肉率。

精制氯化铵生产方法有下述三种，用这些方法可生产出不同等级的产品。

（1）联合制碱法

联合制碱法冷析结晶器析出的氯化铵，因含杂质很少，经离心机分离、洗涤、干燥达到规格要求，即可包装出售。

（2）重结晶法

将粗品氯化铵加入溶解槽中，通入蒸汽溶解，经过滤除杂后，将滤液冷却结晶、离心分离、干燥，制得氯化铵成品。部分母液循环使用，根据母液杂质含量及产品质量情况适量排放部分母液。

（3）洗涤法

将粗品氯化铵加入洗涤槽中，将洗涤液打入，因洗涤液对于氯化铵颗粒表面的杂质而言是不饱和的，故溶解洗下，经离心分离、干燥即得成品。母液部分循环使用，部分排放。该法获得的产品较上述两法差些——一是结晶颗粒细；二是杂质含量较高。

2. 产品标准

氯化铵产品标准见表 1-8～表 1-11。

表 1-8　工业用氯化铵产品国家标准（GB 2946—92）

指标名称	一等品	二等品
氯化铵（NH_4Cl）含量（以干基计）/％ ≥	99.3	99.0
水分①/％ ≤	0.7	1.0
灼烧残渣/％ ≤	0.4	0.4
铁（Fe）含量/％ ≤	0.001	0.003
重金属（以 Pb 计）含量/％ ≤	0.000 5	0.001
硫酸盐（以 SO_4^{2-} 计）含量/％ ≤	0.02	—
pH 值（200 g/L 溶液，温度 25 ℃）	4.0～5.8	4.0～5.8

注：①水分指出厂检验结果。当用户对水分有特殊要求时，可由供需双方协商解决。

表 1-9　农业用氯化铵产品国家标准（GB 2946—92）

指标名称	优等品	一等品	合格品
氮（N）含量（以干基计）/％ ≥	25.4	25.0	25.0
水分①/％ ≤	0.5	0.7	1.0
钠盐含量（以 Na 计）/％ ≤	0.8	1.0	1.4

指标名称	优等品	一等品	合格品
粒度② （1.0～4.0 mm 颗粒）/％ ≥	75	—	—
松散度②③ （孔径 5.0 mm）/％ ≥	75	—	—

注：①水分指出厂检验结果。结晶状产品必须加防结块剂。
②结晶状产品不控制粒度、松散度两项指标。
③松散度为监督抽验项目。每 7 天测定一次，均以出厂检验结果为准，但生产厂必须保证每批出厂产品合格。

表 1-10　联合国粮农组织/世界卫生组织（FAO/WHO，1978 年）食品级标准

项目	指标
氯化铵（NH_4Cl）（以干基计）/％ ≥	99.0
干燥矢量（硅胶，4h）/％ ≤	0.5
砷（以 As 计）/％ ≤	0.000 3
铅（Pb）/％ ≤	0.001
重金属（以 Pb 计）/％ ≤	0.001

表 1-11　中国医药级氯化铵标准（中国药典，1990 年版）

项目	指标
氯化铵（NH_4Cl）（以干基计）/％ ≥	99.5
干燥矢量/％ ≤	0.5
灼烧残渣/％ ≤	0.1
铁盐/％ ≤	0.005
重金属（以 Pb 计）/％ ≤	0.001
砷盐（以 As 计）/％ ≤	0.000 5

三、苛化法烧碱

1. 性质和用途

氢氧化钠俗称烧碱、苛性钠、火碱，分子式为 NaOH，相对分子质量为 40.00，纯品为无色透明晶体，在空气中易潮解。生成热为 10 670 kJ/kg；20 ℃ 时固体氢氧化钠的密度为 2.13 g/cm³；熔点为 318.4 ℃；沸点为 1 390 ℃；熔融热为 167.52 kJ/kg；溶解热为 175.81 J/100 g 水（0 ℃），1 452.54 J/100 g 水（100 ℃）；比热容为 80.38 kJ/(mol·K)。固体氢氧化钠质脆。溶于水呈强碱性，腐蚀性极强，可严重破坏有机组织并腐蚀皮肤，可与酸类起中和反应生成盐。在空气中加热到 400 ℃时，对铁腐蚀严重。市售氢氧化钠有固体和液体两种。固体呈白色不透明状；液体即氢氧化钠水溶液（液体烧碱），是无色透明的液体。

氢氧化钠广泛用于造纸、人造丝、人造棉、有机染料、肥皂等的生产，矿物油、石油及其他加工产品的精制，纺织、冶金、基本化学、农药、医药以及有机合成工业等，是一种用途很广的化工原料。

苛化法烧碱是制取氢氧化钠最古老的方法，是化学法制取氢氧化钠的方法之一，它是用氨碱法纯碱生产中平衡石灰窑副产的石灰和综合利用各种回收的纯碱苛化而成。其国家标准见表 1-12 和表 1-13。

表 1-12 工业用固体氢氧化钠产品国家标准（包括片碱）（GB 209—93）

指标名称	水银法		苛化法		隔膜法	
	一级	二级	一级	二级	一级	二级
外观	白色、有光泽，允许微带颜色					
氢氧化钠（NaOH）/% ≥	99.5	99.0	97.0	96.0	96.0	95.0
碳酸钠（Na$_2$CO$_3$）/% ≤	0.45	0.90	1.7	2.5	1.4	1.8
氯化钠（NaCl）/% ≤	0.08	0.15	1.2	1.4	2.8	3.3
三氧化二铁（Fe$_2$O$_3$）/，% ≤	0.004	0.005	0.01	0.01	0.01	0.02

表 1-13 工业用液体氢氧化钠产品国家标准（GB 209—93）

指标名称	水银法	苛化法		隔膜法	
		一级	二级	一级	二级
氢氧化钠（NaOH）/% ≥	45.0	45.0	42.0	42.0	30.0
碳酸钠（Na$_2$CO$_3$）/% ≤	0.30	1.1	1.5	0.80	0.80
氯化钠（NaCl）/% ≤	0.04	0.80	1.0	2.0	5.0
三氧化二铁（Fe$_2$O$_3$）/% ≤	0.003	0.02	0.03	0.01	0.01

我国于 1931 年试生产苛化法烧碱，1932 年正式工业化生产。此前，内蒙古地区有少量以天然碱为原料土法生产苛化法烧碱。1936 年以后，由于氯碱工业的发展，苛化法烧碱的生产逐年减少，进入 21 世纪后已基本不再大规模生产。

四、小苏打

1. 性质和用途

精制的碳酸氢钠在商业上称为小苏打或洁碱、重碳酸钠、酸式碳酸钠，是一种重要的碱类产品。

碳酸氢钠分子式为 NaHCO$_3$，相对分子质量为 84.01，是白色不透明单斜晶体或晶状粉末，粒度通常为 0.05～0.20 mm，堆积密度为 500～700 kg/m^3，密度为 2.208 g/cm^3。味咸无臭，受热易分解，失去一部分二氧化碳和水，转变为碳酸钠。碳酸氢钠在水中的溶解度较低，溶解度随温度的变化不大。固体碳酸氢钠在 270 ℃形成无水碳酸钠。在水溶液中 65 ℃开始分解。碳酸氢钠是纯碱生产过程中的中间产品。我国于 1927 年实现首批工业化生产。

碳酸氢钠广泛应用于食品工业，可用作疏松剂或膨胀剂，用来生产各种饼干、面包和糖果制品；也用于不含酒精饮料和汽水的生产中。医药上用来制造各种药品和药剂。近年来，国外在敏感表面的喷丸介质方面对碳酸氢钠的应用日盛，如用于飞机、电路板、牙齿等表面的清洗。碳酸氢钠还可广泛用于选矿、冶炼、金属热处理、鞣革、染料、纤维、橡胶、泡沫塑料、金属钠制造、洗涤剂、泡沫灭火剂和干粉灭火剂等工业生产中。

2. 产品标准

碳酸氢钠产品根据不同用途分为工业级、食品级和药用级三种。其产品标准见表 1-14～表 1-16。

表 1-14　工业级碳酸氢钠标准（GB/T 1606—1998）

项目	优等品	一等品	合格品
碳酸氢钠（$NaHCO_3$）含量/%　≥	99.5	98.2	97.4
碳酸钠（Na_2CO_3）含量/%　≤	0.4	1.2	1.7
水分/%　≤	0.10	0.25	0.40
氯化物（以 NaCl 计）含量/%　≤	0.02	0.3	—
铁（Fe）含量/%　≤	0.001	0.002	0.01
不溶物含量/%　≤	0.01	0.05	0.10
钙（Ca）含量/%　≤	0.04	—	—
硫酸盐（以 SO_4^{2-} 计）含量/%　≤	0.02	—	—

表 1-15　食品级碳酸氢钠国家标准（GB 1887—1998）

项目	指标	项目	指标
总碱量（以 $NaHCO_3$ 计）/N　≥	99.0～100.5	重金属（以 Pb 计）含量/%　≤	0.000 5
干燥碱量/%　≤	0.20	铵盐含量	通过试验
pH 值（10 g/L 溶液）①　≤	8.6	澄清度②	通过试验
砷（As）含量/%　≤	0.000 1		

注：①美国食品化学药典 FCC—1996 无此指标；
②美国食品化学药典 FCC—1996 此指标为不溶物。

表 1-16　医药级碳酸氢钠产品标准（摘自中国药典标准，1995 年版）

指标名称	指标	指标名称	指标
总碱量（以 $NaHCO_3$ 计）/%　≥	99.0～100.5	（供口服用）/%　≤	0.03
碳酸氢钠/%　≥	99.5	铁盐（供注射用）/%　≤	0.000 5
水不溶物/%　≤	0.01	（供口服用）/%　≤	0.001 5
氯化物（以 Cl 计）：		钙盐（供注射用）/%　≤	0.010

指标名称	指标	指标名称	指标
（供注射用）/％　≤	0.020	铵盐	符合规定
（供口服用）/％　≤	0.02	碱度（pH）	8.6
硫酸盐（以 SO_4^{2-} 计）：		重金属（以 Pb 计）/％　≤	0.000 5
（供注射用）/％　≤	0.005	砷盐（以 As 计）/％　≤	0.000 2

五、氯化钙

1. 性质和用途

氯化钙有无水物和水合物，无水氯化钙分子式为 $CaCl_2$，相对分子质量为111.0。二水氯化钙分子式为 $CaCl_2 \cdot 2H_2O$，相对分子质量为147.0。六水氯化钙分子式为 $CaCl_2 \cdot 6H_2O$，相对分子质量为219.0。市售氯化钙有液体氯化钙、二水氯化钙和无水氯化钙及六水氯化钙等产品。

氯化钙是氨碱法生产纯碱的副产品。一般产品为白色或灰白色固体颗粒，片状或粉状，味苦，无臭，吸湿性强，易溶于水同时放出大量热。在常温下，水溶液结晶出来的多为六水氯化钙；加热到 200 ℃时，生成二水氯化钙；再加热到260 ℃时，则变为白色多孔的无水氯化钙。其水溶液的凝固点低。

氯化钙独特的物理性质，决定了其特殊用途。如无水氯化钙吸湿性强，主要用作干燥剂。二水氯化钙主要用作冷冻剂、防冻剂、凝固剂以及化工原料。由于氯化钙具有吸湿、易潮解及水溶液凝固点低的特点，在国内被大量用作公路、人行道、停车场等地的冰雪融化剂，即使在 −50 ℃的低温下，它也能使冰雪在短时间内融化。其用量约占总用量的 30％。在夏季定期将 $CaCl_2$ 溶液喷洒道路能防止道路飞起尘土。氯化钙的缺点是对金属有强烈的腐蚀作用。在 $CaCl_2$ 溶液中添加氧化剂（铬酸盐或重铬酸盐）或一些抑制剂，如磷酸盐，可减轻它的腐蚀作用。氯化钙用于煤矿除尘是很理想的，用量约占总用量的 25％。因它在空气中吸湿而形成溶液，覆盖于尘粒上，使尘粒束缚在一起，即可达到除尘目的。氯化钙也用于混凝土工业，能加速混凝土的成熟时间，产生早强作用，并能增加建筑砂浆的耐寒能力，使其适合于低温下浇铸混凝土；还可用作冷冻技术中的载冷体，作为航空及汽车内燃机的抗冻剂，用于防止地上结薄冰以及防止煤和矿石在冬天运输时的冻结等。其行业标准见表 1−17。

表 1−17　工业氯化钙化工行业标准（HG/T 2327—92）

项目	无水氯化钙		二水氧化钙	
	一等品	合格品	一等品	合格品
氯化钙（$CaCl_2$）含量/％　≥	95.0	90.0	70.0	68.0

续表

项目	无水氯化钙		二水氧化钙	
	一等品	合格品	一等品	合格品
镁及碱金属氯化物（以 NaCl 计）含量% ≤	2.5	4.0	4.0	5.5
水不溶物含量/% ≤	—	—	0.20	0.30
酸度			通过试验	
碱度，以 Ca(OH)$_2$ 计/% ≤	—	—	0.35	0.35
硫酸盐（以 CaSO$_4$ 计）含量/% ≤	—	—	0.20	0.30

六、一水碳酸钠

1. 性质和用途

一水碳酸钠又称碳氧，分子式为 $Na_2CO_3 \cdot H_2O$，相对分子质量为 124.00，外观为无色斜方形结晶细粒或白色结晶粉末，相对密度为 2.25，为碱性无机盐。溶于水，不溶于乙醇和乙醚。在空气中较无水碳酸钠稳定。长期暴露于空气中易吸收二氧化碳，逐渐变成倍半碳酸钠（$Na_2CO_3 \cdot NaHCO_3 \cdot 2H_2O$）。加热到约 100 ℃时失去水，变为无水碳酸钠。

一水碳酸钠主要用于照相和电影胶片的显影液 pH 值调节，还可用作餐具洗涤剂配料。

生产方法是将工业碳酸钠制成饱和溶液，除去杂质，在 97 ℃左右直接加入碳酸钠，经蒸发使其析出一水碳酸钠结晶，经离心机过滤、干燥制成成品。

2. 产品标准

一水碳酸钠国家标准见表 1-18。

表 1-18　照相级一水碳酸钠国家标准（GB 10556—1989）

指标名称	含量	指标名称	含量
外观	白色粉末状结晶	铁（Fe）/% ≤	0.002
一水碳酸钠（$Na_2CO_3 \cdot H_2O$）/% ≥	98.5	重金属（以 Pb 计）/% ≤	0.001
碳酸氢盐（以 NaHCO$_3$ 计）/% ≤	0.4	水溶液外观	合格
游离碱（以 NaOH 计）/% ≤	0.17	硝酸银氨溶液反应	合格
卤化物（以 NaCl）/% ≤	0.5		

七、十水碳酸钠

十水碳酸钠俗称食用面碱，分子式为 $Na_2CO_3 \cdot 10H_2O$，相对分子质量为 286.14，为无水透明的单斜晶系结晶，相对密度为 1.5，在空气中会迅速风化而形成白色粉末。水溶液呈弱碱性。与酸作用起中和反应放出 CO_2。主要供食用。

生产方法是将碳酸钠与硫酸钠加水，按 $Na_2CO_3:Na_2SO_4 \cdot 10H_2O:H_2O=15:3:50$ 的比例混合，加热到 $60\sim70$ ℃，静置澄清，保持 50 ℃以上温度，导入结晶器中，冷却到 32 ℃左右，冬季放置 $4\sim10$ d，夏季时间较长，取出用离心机脱水并洗涤后，即可包装出售。制造 1 t 十水碳酸钠需 370 kg 纯碱、22 kg 无水硝、620 kg 水。产品规格有企业标准，见表 1-19。

表 1-19 十水碳酸钠企业标准

指标名称	含量	指标名称	含量
碳酸钠（Na_2CO_3）/% ≥	33.7	铅（Pb）/% ≤	0.000 3
芒硝（Na_2SO_4）/% ≤	3.5	砷（As）/% ≤	0.000 1
食盐（NaCl）/% ≤	0.6		

八、过氧碳酸钠

过氧碳酸钠又被称为过碳酸钠，是过氧化氢和碳酸钠的加成物。其分子式为 $2Na_2CO_3 \cdot 3H_2O_2$，分子量为 314.02。其中 H_2O_2 和活性氧的理论含量分别为 32.5% 和 15.3%。

过碳酸钠具有漂白去污能力，是由于它在水溶液中可离解成 Na_2CO_3 和 H_2O_2，过氧化氢则电离生成过氧氢离子。

$$Na_2CO_3 \cdot 1.5H_2O_2 \rightleftharpoons Na_2CO_3 + 1.5H_2O_2$$
$$H_2O_2 \rightleftharpoons H^+ + HO_2^-$$

作为合成洗涤剂的组成物，过碳酸钠除具有漂白去污能力外，还具有化学稳定性；衡量其稳定性的主要标准是在一定条件存放后，过碳酸钠活性氧的剩余含量。

过碳酸钠易溶于水，有较高的机械强度。在较高的温度和空气湿度中会导致过碳酸钠分解而失去活性氧，内在或外在杂质也会降低其稳定性。

在粒度组成和散重方面，过碳酸钠与合成洗涤剂中的其他成分有互溶性。为保证配料均匀，防止在储存和运输中起层或结块，当粒度在 $0.2\sim1.5$ mm、散重在 $0.3\sim0.6$ kg/L 时，过碳酸钠与合成洗涤剂主成分有最佳互溶性。

制造方法：通用方法是用碳酸钠和过氧化氢作用，又分湿法与干法两种。湿法为用 H_2O_2 水溶液和纯碱水溶液，以悬浮液作为原料，在有良好热交换和强力搅拌装置的设备中混合，产品用离心机或过滤器分离，最后干燥。干法为在空气流中往干品碳酸钠上喷洒 H_2O_2 水溶液，运用沸腾床或喷雾干燥原理。还有些制造方法是上述两个方法的综合运用。

两种方法相比，湿法设备的工艺简单，但工序多，欲获高产率（理论百分量的 90％以上）还要增加工序——真空下浓缩母液并送回循环系统。干法只需一步操作，就能使产率达到接近理论量的水平，但需用特殊设备，而且能耗高。

世界先进国家需求量约 700 kt/a，主要用于合成洗涤剂。

过碳酸钠具有比高硼酸钠更佳的漂白去污能力，自 1971 年，日本厂家将其致力于用作合成洗涤剂，效果很好。20 世纪 80 年代初，世界大规模过碳酸钠装置生产能力已达 20 kt/a 以上；一般多在 10 kt/a。我国天津大学自主研发的过碳酸钠结晶技术已达到世界领先水平。

第三节　纯碱工业及其生产方法发展的国际背景

一、世界化学工业的开端和路布兰法制纯碱

人类在日常生活中使用碱已有几千年历史，最早使用的碱取自草木灰及天然碱。人工制碱工业起源于法国，其发展及应用则归功于英国。18 世纪中叶，英法七年战争（1756—1763 年）期间，欧洲陷入战火，西班牙植物碱来源断绝。1775 年，法国科学院悬赏 2400 利弗的巨金，征求可供制碱的实用方法。

应征的制碱法有数种，其中一种为尼古拉·路布兰（1742—1806 年）所提

出的方法，即以普通食盐为原料，用硫酸处理而得芒硝和盐酸，芒硝再与石灰石、煤粉配合入炉煅烧生成纯碱，所得副产物硫化钙再碳酸化以获取硫化氢，作为硫酸的原料。1783 年，法国科学院曾决定授予奖金，但终未颁发。1791 年，路布兰获得专利权，之后由奥利安公爵拨款 20 万利弗，在巴黎附近的圣德尼建立碱厂，不久公开其制碱方法。纯碱工业成为世界最早的化学工业，是化学工业的开端，讲化学工业史要从纯碱工业史开始。

英国自 1815 年始，盐税高达每吨 30 英镑，使制碱工业无法立足。1823 年，英国废除盐法，豁免盐税，从此制碱工业突飞猛进。1825—1889 年的 60 余年间，是路布兰法制碱的鼎盛时期。1886 年，英、德两国用路布兰法制出纯碱已达百万吨。路布兰法制碱在欧洲

图 1-1　路布兰铜像

获得很大发展，由此带动了整个欧洲化学工业的发展进程。法国人因此立路布兰铜像于巴黎，以此纪念路布兰（图 1-1）。

但路布兰法制碱存在产品纯度差、生产成本高、人工消耗大，以及生产过程均在固相间进行、难以连续作业等缺点。遂有索尔维法问世，并取而代之。

二、索尔维法制纯碱

1861 年，比利时人索尔维（1839—1922 年）（图 1-2）在煤气厂从事稀氨水浓缩工作时，发现用盐水吸收氨和二氧化碳可得到碳酸氢钠。当年该法获得专利，即为索尔维法。后人又称此法为氨碱法。

1863 年，索尔维与其兄弟爱福勒德于比利时的古耶建氨碱厂（古耶厂最大生产能力曾达 420 kt/a，该厂于 1993 年 12 月关闭），1865 年开工，几经挫折，不断改进，到 1872 年产量增至 10 t/d。1873 年，索尔维公司在维也纳世界博览会上因产品品质纯净获得荣誉奖。从此，索尔维法以其原料来源容易、品种单纯、成本低廉、品质纯净、适于大规模连续生产、排污处理比盐酸容易、每吨碱价格由 13 英镑降到 4 英镑多的优势取代了路布兰法，在欧洲乃至世界逐渐发展起来并延续至今。

索尔维法也存在一些缺点，如食盐利用率低（仅 75％左右）、蒸馏废液难以处理（每产 1 t 纯碱就有 9～10 m³ 废液排放，淤塞江河港湾、污染水体、危害水族）。

图 1-2　索尔维法发明人索尔维

三、联合法制纯碱

20 世纪初，德国人什赖布建议将索尔维法生产中产生的氯化铵直接制成成品，这样既可避免产生大量废液，又可提高食盐利用率。1924 年，德国人格鲁德及吕普曼两位教授研究出所谓的"蔡安法"，即先做出碳酸氢铵结晶体，再与饱和盐卤反应而得到重碳酸钠并过滤后，所得母液冷却降温，再加食盐溶解置换析出氯化铵结晶。此法装置规模最大做到生产氯化铵 50 t/d，但过程是间断的，产品质量差，未发展起来。

"侯氏制碱法"（详见本书第三章"中国合成纯碱工业发展史"）与日本的 A.C 法实质均为联合法，是提高食盐利用率、解决废液排放的成功方法。

在日本，1917 年由旭硝子株式会社建立了日产 10 t 规模的氨碱厂，后来发展到 6 个。因为日本盐产量供应不足，所需量的 2/3 要由国外进口，而氨碱法的盐利用率又低，所以将什赖布法进行了改进与发展，并用于大工业生产，即 A.C

（Asahi Cooling Process）法，提高了食盐利用率。从 1950 年至 20 世纪 60 年代初，大部分碱厂将制碱法改为 A. C 法，装置规模最大达到日产纯碱和氯化铵 300 t。1973 年，纯碱和氯化铵产量达到 950 kt，占日本产量的 70%。而日本本国只能消耗掉 300 kt 氯化铵，其余全部出口到了中国。随着中国"侯氏制碱法"和化肥工业的发展，中国不再进口氯化铵。于是，在 20 世纪 80 年代初期，旭硝子为了减少出产氯化铵，建立了新旭法（N. A 法，即 New Asahi Process）。该制法的特点是可以随意调整氯化铵的产量，多余的固体氯化铵可直接加石灰乳蒸馏回收氨，蒸汽及石灰消耗少，排废液量比氨碱法少 1/3，而氯化钙的浓度可提高 2.5 倍，原料盐利用率在 95% 以上。

化学工业的发展趋势，是由单一品种的生产走向多品种产品的联合生产。联合生产不仅是提高原料利用率的有效途径，可有效利用自然资源，而且可以使能源的利用率大幅度提高。纯碱工业也不例外，除上述的纯碱与氯化铵的联合生产外，还出现了纯碱与其他产品的多种联合生产。如以霞石为原料联合生产纯碱和钾碱、水泥、铝，以芒硝为原料联合生产纯碱与硫酸铵、硫等。这两种生产方法在俄罗斯已成为完整的联合生产体系。

四、天然碱工业的发展

早在几千年以前，古埃及人就开始加工并利用天然碱，此后许多有天然碱资源的国家和地区均有天然碱的利用与生产。在历史上，天然碱发挥了重要作用。在苏联卫国战争期间，苏联领导人签署了开发彼图霍夫和米哈依洛夫的天然碱和建设彼图霍夫天然碱加工厂的紧急文件，并迅速建成投产，解决了苏联卫国战争期间缺乏纯碱的问题，使天然碱生产出现高潮，达到年产 15 万 t。中国受抗日战争的影响，也一度使天然碱的开采和加工大幅度增加，以解决用碱之需，年开采量多达 4 万 t 以上，加工生产纯碱、小苏打和烧碱达万吨以上，但一直没有形成能满足工业发展需要的规模。直到美国发现巨大的地下天然碱矿床，才开启了天然碱工业飞速发展的历史。

美国于 1881 年建立第一个索尔维厂以后，1939—1966 年之间又有 10 个厂投产，生产能力可达 5000 kt/a 以上。自 1973 年以来，因石油危机、能源价格上涨和限制环境污染法规的制定，致使美国采用索尔维法的合成碱厂因亏损而逐年关闭。到 1986 年关闭了最后一个，即最早建立的有百年历史的西拉丘斯纯碱厂。从此在美国结束了索尔维法生产纯碱的历史，揭开了天然碱加工生产纯碱的新篇章。

导致美国索尔维法合成纯碱厂关闭的一个最根本原因是美国发现了巨型天然碱矿。

世界天然碱资源以美国最为丰富，主要产地在怀俄明州的绿河地区，蕴藏量在1 140亿～1 210亿t，其中400亿t是不含盐的矿层，270亿t是含盐的矿层。

早在1849年，拓荒者就在怀俄明州的甜水郡找到了重碳酸钠，并用于洗涤和药用。1907年，在绿河附近发现了碳酸钠卤水。1938年，山间燃料供应公司在怀俄明州绿河盆地勘探油气时，发现了富含碳酸钠的地层带，通过美国地质测量局分析测试，证明绿河盆地有最大的天然碱矿床。

1953年，美国食品机械化学公司（Food Machinery Chemical Corp.，简称FMC公司）投资20亿美元在怀俄明州建成了第一座年产270 kt的天然碱加工厂。随后，斯陶福（Stauffer）化学公司、联合化学公司（Allied Chemical Corp.）、得克萨斯海湾（Texasgulf）公司、田纳科（Temmeco）化学公司相继在此地建立天然碱加工厂。

1849年，人们在美国加利福尼亚州的锡尔斯湖发现了天然碱资源，储量为10亿t。卤水来自30～90 m深的矿井中，吸出后可用碳酸化法制纯碱。1905年，圣贝纳迪诺硼矿公司首次用天然碱加工生产出了纯碱。

近年来，在美国科罗拉多州西北部，距怀俄明州绿河矿区200 km处，发现了一个很大的与油页岩夹生的苏打石矿床[①]。地质勘察表明该矿床属于绿河构造的派拉苏特河组，矿体面积666 km²，含苏打石矿层的总厚度为168～335 m，埋深在400～700 m，苏打石总储量为290亿t，在当今已发现的天然碱矿床中仅次于绿河，是美国也是世界上第二大天然碱矿。该地区已成为美国当今最大的小苏打生产基地。

世界其他国家如墨西哥的特斯科科湖、肯尼亚的马加迪湖、俄罗斯阿尔泰边疆区的天然碱湖、土耳其的卡赞天然碱矿等均已被开发加工生产纯碱。中国的内蒙古苏尼特右旗、鄂尔多斯市，以及河南吴城、安棚天然碱矿业也已开发利用。

---

① 苏达石——碳酸氢钠矿物，又称重碳酸盐，它与倍半碳酸钠有转换关系。单纯苏达石主要产于美国科罗拉多州苏达石矿，我国少见。

第二章　中国天然碱工业发展史

天然碱的开发和使用有着悠久的历史，早在合成纯碱问世之前，人们使用的纯碱就取自天然碱。到18世纪，人们开始对天然碱进行简单加工（破碎、溶解、澄清、结晶、分离）后，作为商品出售，如美国的"浓晶碱""雪片晶碱"，中国的"口碱"等。进入20世纪，尤其是第二次世界大战时期，天然碱的加工业发展迅速。随着科学技术的发展、社会和文明的进步，人们研究出一系列天然碱加工工艺，如倍半碱流程、一水碱流程、碳酸化流程等，使天然碱加工工艺逐步完善和成熟。

中国天然碱资源丰富，品种多样、齐全，给天然碱的开发和利用提供了广阔的前景。中国天然碱的开采和利用有悠久历史，到20世纪末已形成完整的现代化工业体系。合成纯碱在我国也起步较早，而且久负盛名，2004年以来很长时间一直保持世界第一，不论是产能还是技术水平，均为世界领先，对世界纯碱工业的发展做出了很大贡献。中国纯碱工业的发展史可按两条脉络叙述：一条是天然碱加工工业的发展；另一条则是合成纯碱工业的建立和发展。

第一节　概述

一、天然碱资源

天然碱工业的发展，离不开天然矿产资源的开发和利用。天然碱矿物是指碳酸盐类矿物中含碳酸钠或碳酸氢钠的一类矿物，有10余种，统称天然碱。现将我国常见、分布较广、储量较大、经济价值较高的四种天然碱矿物概述如下。

1. 天然碱

天然碱是倍半碳酸钠的矿物名称，其组成为 $Na_2CO_3 \cdot NaHCO_3 \cdot 2H_2O$。其产地较广，如河南省吴城矿、安棚矿，其含量为 Na_2CO_3 46.6%、$NaHCO_3$ 37.41%、H_2O 15.83%。另外，内蒙古等地的碱湖产物，因结晶断面形似马牙，故俗称马牙碱，其组成为 Na_2CO_3 49.05%、$NaHCO_3$ 19.4%。倍半碳酸钠是最常见的典型天然碱矿物，也是最早专称为天然碱的矿物，也称为晶碱石或丝光晶碱石。

2. 一水碳酸钠（$Na_2CO_3 \cdot H_2O$）

含 Na_2CO_3 85.48%，结晶水 14.52%，也称水碱、菱晶碳钠石。主要产于内蒙古等地碱湖，产量较少，易于加工，也可直接使用。

3. 十水碳酸钠（$Na_2CO_3 \cdot 10H_2O$）

含 Na_2CO_3 37.6%，结晶水 62.94%，又称泡碱、洗涤碱。碱湖产物，俗称片碱，呈层状，一般为三层，风化后生成 $Na_2CO_3 \cdot H_2O$。主要产于内蒙古等地碱湖。

4. 碳酸-硫酸钠（$Na_2CO_3 \cdot 2Na_2SO_4$）

也称芒硝碱，加工后可制得精制芒硝碱。专供玻璃工业和其他同时需要以 Na_2CO_3 和 Na_2SO_4 为原料的行业用户。

除上述四种主要天然碱矿物外，还有 10 余种含 Na_2CO_3 或 $NaHCO_3$ 的矿物均属天然碱矿物。利用上述碱矿物经过加工可以制得纯碱产品。此外，在我国西北和河南东部地区还有大量盐渍土产出，可用碱土熬制成非晶状的土碱。这种土碱多呈黄色糊状，也称之为"糊涂碱"，其成分除 Na_2CO_3、$NaHCO_3$ 外还含有少量 $NaCl$、Na_2SO_4，多为民用，至今仍有土法生产。

我国天然碱矿产资源及其储量见表 2-1。

表 2-1　我国天然碱矿产保有储量统计表　　　　　单位：Na_2CO_3 kt

省区	矿区名称	矿床类型	储量级别				合计	累计探明	矿床规模
			B	C	D	A+B+C			
青海	小计			2	481		483	483	
	柴达木河北岸	盐渍土型			169		169	169	小型
	宗加-巴隆	盐坑及盐渍土			278		278	278	小型
	哈鲁乌苏河	盐渍土型			28		28	28	小型
	哈图	盐坑型		2	6		8	8	小型
河南	小计		8 741	21 995	98 219		128 961	128 961	
	安棚	古代碱矿			92 474		92 474	92 474	大型
	吴城	古代碱矿	8 747	21 995	5 745		36 487	36 487	大型
吉林	小计				1 000	1 000			
	大布苏湖	现代碱湖			1 000	1 000			小型

续表

省区	矿区名称	矿床类型	储量级别				合计	累计探明	矿床规模
			B	C	D	A+B+C			
	小计						22 094.5	23 906.5	
内蒙古	苏敏诺尔	现代硝湖					85	85	小型
	塔日根	现代碱湖			105		105	113	小型
	巴杨查岗	现代碱湖					64.7	64.7	小型
	好老巴	现代碱湖			15.3		15.3	15.3	小型
	都西泡	现代碱湖					25	25	小型
	查干诺尔	现代碱湖	4 294	5 718	1 314	9 812	11 126	11 339	大型
	呼吉尔诺尔	现代碱湖					80	80	小型
	哈力查布	现代碱湖					150	150	矿点
	呼吉尔淖	现代碱湖					61.2	61.2	小型
	盐海子	现代盐湖			61.2		5 970	5 970	中型
	西速贝淖	现代碱湖		5 970			16	16	小型
	合同查汗淖尔	现代碱湖			16		1 420	1 708	中型
	大克泊淖	现代碱湖			567	853	14.4	14.4	小型
	小湖	现代碱湖					16	19	小型
	白彦淖	现代碱湖			69	7	278	1 034	小型
	达拉图鲁淖	现代碱湖			145	133	135	135	小型
	纳林淖	现代碱湖					92	92	小型
	察汗淖	现代碱湖			87		87	380	小型
	哈玛尔太淖	现代碱湖			343		343	560	小型
	哈达图淖	现代碱湖			290.3		290.3	290.3	小型
	乌杜淖	现代碱湖			757		757	791	小型
	拐子湖						1.6	1.6	矿点
	芦草井	现代碱湖					100	100	小型
	古尔乃湖	现代碱湖					347	347	小型
	打扑克井	现代碱湖					280	280	小型
	准吉格德湖	现代碱湖					15	15	矿点
	海尼格图湖	现代碱湖					220	220	矿点
	总计						152 538.5	154 350.5	

注：①储量数据摘自《截至1986年年底我国矿产储量表》；
②储量数据摘自《截至1991年年底内蒙古自治区矿产储量表》；
③摘自相应的地质报告；
④根据有关资料估算。

二、开采和加工技术

我国天然碱的开采加工利用有悠久的历史,有史记载的最早时期为夏商周,那时已有天然碱的零星开采利用。到秦汉时期已有一定规模的产地出现在西北地区。达到工业意义上的开采和加工也有200年以上的历史,最早是在内蒙古伊克昭盟地区(现为鄂尔多斯市)。清乾隆年间,商人即在伊金霍洛旗开采敖肯淖尔湖的天然片碱。光绪二十年(1894年)前后,宁夏人郑海峰组织大兴公司召集民工开采乌拉察汗淖、纳林淖、哈玛尔太淖的天然碱,年产1 500~2 000 t。以后的几十年,由于社会经济和科学技术发展程度的制约,中华人民共和国成立前,一直处于小规模的土法开采阶段。《绥远省志》记载的伊克昭盟各碱湖的产销情况见表2-2。

表2-2 内蒙古伊克昭盟(今鄂尔多斯市)各湖天然碱产销情况

旗别	湖名	产权	开厂年代	年产量/$\times10^5$ kg	销售地区
鄂托克旗	羊头察汗淖	旗	光绪十五年(1889年)	25	甘、陕、绥、宁、青
	白彦淖	旗	光绪元年(1875年)	25	晋、陕
	纳林淖	旗	1912年	2.5	陕、晋、绥
扎萨克旗	乌拉察汗淖	旗	光绪二十二年(1896年)	20	晋、陕
	何肯淖	旗	光绪二十二年(1896年)	10	晋、陕
杭锦旗	大碱湖	旗	光绪三十一年(1905年)	180	晋、冀

1949年后,随着经济的恢复和发展,碱类产品的需求逐年增长,推动了国内碱类产品生产的发展。天然碱作为制碱工业的原料,其开采规模不断扩大。20世纪70年代以后,主要天然碱的开采已是应用大规模、机械化、现代化的开采方法。我国目前开采和加工天然碱的省区发展到了内蒙古、吉林、河南、青海、新疆等地,采矿能力已超过百万吨,以天然碱为原料的纯碱、烧碱、小苏打、泡花碱、无水亚硫酸钠等制品的年生产能力已超过30万t。

1. 开采技术

天然碱矿床的开采方法,取决于其本身的特性和矿床的赋存条件、赋存形态。地表碱湖的固相矿物多采用季节性开采,或用手工或用机械化挖泥船、采盐船、采盐机开采固体矿石。也可开采液相矿物,采用各种取卤方法,主要工艺在于卤水的运输和"碱田日晒"。对于地下液体矿床而言,这类矿床比较少见,多采用直接抽取卤水的方法,类似于油田采用的抽油机抽取原油的方法。

目前,我国天然碱的主要开采方法和其他可溶性盐类矿床一样,固体矿床不外乎两种开采方法:一种是旱采;另一种是特殊开采法。所谓特殊开采法,就是根据矿物的性质和用途,采用不同于一般的常规采矿方法。其中包括化学开采法(或称地球工艺开采法)、溶采法等。至于开采方法的选择,要根据赋存形态和条件以及其他方面的因素而定。

（1）旱采井

目前，世界天然碱开采量中，旱采仍占主要地位。但是，从发展趋势看，旱采量将逐渐下降而被非旱采方法取代。旱采是指固体矿床的开采，不论是出露或接近地表的固体天然碱矿床，还是地下深层固体天然碱矿床，其旱采方法与煤的旱采方法相似。但是天然碱矿石的硬度、耐磨性等又与煤不同，尤其是它的可溶性，这些都要在具体开采上有相应措施。其中包括开采、运输机械，矿井、巷道、矿场的建设等。常用于天然碱的旱采方法不外乎以下几种：①露天开采；②井巷开采，其中包括房柱法、钻孔连续采矿法、长壁开采法、鼓式连续开采法等。我国目前尚无井巷开采。

（2）溶采井

矿床的溶解法开采，不同于常规的"露天开采"和"地下开采"方法。对于"地下开采"，不论是房柱法还是长壁法，用于缓斜的可溶性天然碱薄矿体，均不够理想。因此，溶解法开采天然碱，已成为主要的研究课题。我国吴城碱矿和安棚矿已经进行了这方面的探索，并且取得了一定的成果，目前已全部采用溶解法开采。

溶解法开采是"地球工艺开采法"之一，它是以水文地质学、地质学、地球化学和化学工艺学为基础而形成的一门新技术。此法把采矿和加工联合在一起，并且同时在地下完成，使得一次就可以从地下获得所需的成品或半成品，而且无大量矿渣带到地面。这种方法属于无矿井开采法，它的"开采工具"是各种溶剂（水、酸、碱溶液等）。它突破了"先采掘矿石，然后加工"的传统过程。这项新技术在20世纪60年代初期以来得到了迅速的发展。目前，我国天然碱开采是以溶解法开采为主，并且达到了先进水平。

2. 加工技术

天然碱的加工过程是根据天然碱矿成分及用户的要求确定的。天然碱加工技术包括碱液制备和各种提纯工艺。

（1）碱液制备

碱液制备是天然碱加工中必不可少的工序。中国天然碱因矿物组成不同，地质年代不同，赋存形态不同，矿石品位不同，生产规模不同，泥沙含量不同，而需要采用不同的碱液制备工艺。

对于露出或接近地表的天然碱固体矿床（如内蒙古查干诺尔碱矿），采用规模化露天开采，固体矿石溶解工艺制备碱液。对于天然碱湖，可采用湖水自然浓缩制卤工艺，或采用湖水自然蒸发结晶，季节性采集结晶碱，再溶解制卤工艺；对埋藏较深的天然碱矿或品位较低的天然碱矿，可采用热水溶采，或采用烧碱液溶采制卤工艺。对中、小规模的生产企业，采用直接或间接蒸汽加热的桶式化碱工艺；对含泥沙较多的天然碱，采用斜板热液冲刷式化碱工艺；对大规模的生产装置采用圆斜化碱工艺。为了提高碱液质量，保证产品纯度、白度，采用 PE 微孔管式过滤器、机械过滤器等设备，对碱液进行精制，除去碱液中的悬浮物。若进一步深加工，可采用活性炭吸附除去碱液中的有机质，对碱液进行脱色处理，以满足高质量产品对原料液的要求。

（2）加工工艺

综合国内外天然碱加工厂家的生产工艺，天然碱加工主要有三种方法，即蒸发法、碳酸化法和苛化法。

①蒸发法制纯碱

依据原料组成不同，分倍半碱工艺和一水碱工艺。以晶碱石（$Na_2CO_3 \cdot NaHCO_3 \cdot 2H_2O$）为主的天然碱可采用倍半碱工艺生产纯碱。在蒸发前若使 $NaHCO_3$ 分解，如干法分解（煅烧）、湿分解或溶采时被 $NaOH$ 中和，蒸发中析出 $Na_2CO_3 \cdot H_2O$，可采用一水碱工艺，生产重质纯碱，或者采用边蒸发边湿分解的一步法一水碱流程，生产重质纯碱。

②蒸发法制元明粉（芒硝碱）

碳酸化过滤母液经石灰中和、苛化后，控制适宜的工艺条件，通过蒸发析出 Na_2SO_4，生产元明粉。

③碳酸化法制纯碱

碱、硝、盐共生的泡碱型天然碱湖水或固体矿，可采用碳酸化工艺，生产轻质纯碱，再经重质化生产重质纯碱。该工艺尚适用于溶采的高盐碱卤，如吴城碱矿采用碳酸化工艺生产纯碱，碳酸化母液经湿分解后注井溶采矿层。碳酸化法制纯碱中，可以是完全碳酸化（析出 $NaHCO_3$），也可以是半碳酸化（析出倍半碱或倍半碱与 $NaHCO_3$ 的混合物）。

④碳酸化法制小苏打

碳酸化制纯碱中，出塔晶浆离心后不去煅烧，而经干燥，即可制得小苏打。但要控制足够的碳酸化率，否则将影响小苏打产品质量和 Na_2CO_3 的转化率。

⑤苛化法制烧碱

采用苛化工艺将天然碱液中的 Na_2CO_3、$NaHCO_3$ 转变为 $NaOH$，形成的淡碱液经各效蒸发，除去可溶性杂质 Na_2CO_3 和 Na_2SO_3 等，再经冷析除去 $NaCl$ 杂质，最后经浓缩熔融制得固碱。苛化烧碱与碳酸化小苏打往往联合生产，使石灰石煅烧生成的窑气和石灰平衡，以降低产品的制造成本。

⑥碳酸化-蒸发-苛化法联合生产纯碱、元明粉和烧碱

针对中国天然碱盐、碱、硝共生的特点，由伊化集团研发的天然碱碳酸化-

蒸发-苛化法联合生产纯碱、元明粉（芒硝碱）、烧碱新工艺，已成功地用于查干诺尔碱矿，使天然碱中盐、碱、硝分离的工业化，有了突破性进展，从而提高了天然碱的综合利用率，延长了碱（湖）矿的服务年限。

⑦熔融法制硅酸钠（泡花碱、水玻璃）

天然碱（含粗加工品、副产品，即天然碱加工中生成的碱渣等副产品）与石英按一定比例混合在高温下熔融，以制得硅酸钠，使天然碱矿物中各有效成分得到充分综合利用。

第二节　天然碱工业发展史

一、天然碱工业历史沿革

天然碱的开发和使用有着悠久的历史，早在合成纯碱问世之前，人们就从天然碱中制取碱。中国内蒙古西部地区以"马牙碱"作为食用碱的历史也很悠久。随着生产力的发展，到18世纪，人们开始对天然碱进行简单加工（破碎、溶解、澄清、结晶、分离）后，作为商品出售。如美国的"浓晶碱""雪片晶碱"，中国的"口碱"等。进入20世纪，尤其是第二次世界大战时期，天然碱的加工业发展迅速。随着科学技术的发展、社会的文明和进步，人们研究出一系列天然碱加工工艺，如倍半碱流程、一水碱流程、碳酸化流程等，使天然碱加工工艺逐步完善和成熟。当前，世界纯碱产量的1/3来自天然碱加工，美国的纯碱生产在1968年以后全部由天然碱加工所取代，是全球最大的纯碱生产国和输出国。

中国天然碱加工业起步较早，有关资料表明，早在18世纪（清乾隆年间），内蒙古西部鄂尔多斯碱湖群已经得到开发利用。到19世纪末20世纪初（清光绪年间），已将天然碱加工成"锭子碱"经张家口转销内地，被称为"口碱"。到20世纪中叶，开始有土法苛化烧碱和碳酸化小苏打。内蒙古东部地区天然碱开发利用较西部地区略晚，大约在19世纪中叶，位于吉林省西部与内蒙古通辽市（原哲里木盟）毗邻的玻璃山碱甸子（属原达尔罕旗所辖）已被开发利用。到20世纪初，在辽河流域及大布苏湖（吉林省乾安县境内），人们利用土碱加工生产面碱与砖碱，供应华北和国内各地。截至中华人民共和国成立初期，全国由天然碱加工的"锭子碱"年总产量为1 000 t左右，且全部是作坊式土法生产。

中国天然碱加工业的真正兴起是在1949年后。1952年，全国第一家天然碱加工厂——内蒙古海勃湾化工厂（今隶属于伊化集团的拉僧庙分公司）建立，开始以天然碱为原料生产苛化烧碱。1963年利用碳酸化法生产小苏打，扩大了规模（烧碱1万t，小苏打2万t），生产装置逐步实现半机械化、机械化。当时，化工部副部长侯德榜曾赴内蒙古等地碱矿考察天然碱，就其开发加工做出重要指示和建议。与此同时，为适应中国天然碱加工业的发展，内蒙古伊克昭盟化工研究所（今伊克昭化工研究设计院）、化工部大连制碱研究所、内蒙古工学院天然碱研究室、郑州工学院天然碱研究室等分别为内蒙古天然碱矿及河南天然碱矿的开采及加工做了大量的研究开发工作，为中国天然碱加工业的发展奠定了基础。1965 年、1971 年和 1976 年相继开发了现内蒙古查干诺尔和河南吴城、安棚三大天然碱矿。继 20 世纪 70 年代，年产量 5 000 t 烧碱的白彦淖化工厂建成后，以天然碱湖水直接碳酸化生产纯碱的吉林大布苏化工厂又于 1976 年建成并投产。同年，乌海市化工厂用烧碱渣生产泡花碱获得成功。1978 年，吴城单井建槽、对井压裂试验成功。1981 年，伊克昭盟化工研究所（伊化集团前身）的"碱田日晒工艺"研究获得成功。1987 年，该所的 10 kt/a 天然碱制重质纯碱、白彦淖化工厂 10 kt/a 小苏打生产装置先后建成投产。1989 年至 1990 年，当时全国最大的天然碱加工厂——内蒙古查干诺尔天然碱加工总厂的 50 kt/a 小苏打、50 kt/a 烧碱的生产装置相继建成并投入运行。1992 年，利用天然碱加工的"远兴牌"重质纯碱，在墨西哥城举办的"中国实用技术与商品博览会"上获金奖。1998 年和 1999 年，查干诺尔碱矿和安棚碱矿分别兴建 200 kt/a 重质纯碱厂，并于 2001 年和 2002 年先后建成投产。截至 21 世纪初，中国天然碱加工能力（主产品）约：纯碱 800 kt/a，小苏打 300 kt/a，烧碱 100 kt/a。至此，中国天然碱工业已初具规模，为天然碱工业的进一步发展奠定了基础。到 2009 年，我国天然碱工业产量达到 130 万 t，占纯碱总产量的 7%，生产过程及设备达到现代化。

二、中国天然碱工业发展史

我国是世界上使用天然碱较早的国家之一，但加工工业起步较晚。现按时间顺序简述我国天然碱工业的发展和重要史实。至于我国天然碱工业，本人认为应该由 20 世纪开始。

1. 1900 年至 1949 年

清光绪二十九年（1904 年），内蒙古鄂托克旗王爷下令放垦土地，允许汉人垦荒，从而揭开了白彦淖和察汗淖开发的序幕。首先由山西人李京客在白彦淖设立"大兴号"作坊，生产锭子碱出卖，获取利润。后山东人郭永熙挤走李京客，与鄂托克旗王爷订立 30 年开采白彦淖的合同，设立"天聚泉"（碱厂），有工人 30 多名，设有十多堂，每堂有八口锅，其中六口熬碱，两口化碱。碱液经澄清，除去泥沙杂草，清碱液倒入熬碱锅熬浓。每口锅出一个碱锭子，重为 50 kg，售价四五块银圆。天聚泉每年可产 100 t 左右的碱锭。

山西人郑氏（名字不详）在郭永熙之后，包租了察汗淖，也生产锭子碱，采用的生产工艺同白彦淖的天聚泉。

　　上述两厂的技术工人都来自陕西省神木县（今神木市）瑶镇的番碱厂（后改名为马樱花碱厂，始建于何年不详），番碱厂的原料碱来自乌审旗的合同查汗淖尔。

　　天聚泉延续到1946年歇业，次年由张心斋、杭寿春共同组建"陶源碱厂"，继续生产，其规模、人员基本同天聚泉。直到1949年，白彦淖和察汗淖收归国有。

　　碱湖熬碱需用大量的燃料，当时没有煤，就以碱湖周围的草为燃料。几十年间，丰美的草场被全部烧光，现在留下的仅是稀疏的沙蒿和大片大片的沙漠！

　　张家口市本身不产碱，内蒙古各地加工的锭子碱在此地集散。在相当长的时间内，由内蒙古伊克昭盟生产的锭子碱，被误认为是由张家口生产的"口碱"。

　　我国吉林省大布苏湖和玻璃碱甸子两处有大量天然碱产出。吉林大布苏湖的开发利用始于20世纪初。1910年，北京人董立衡买下了大布苏湖的开采权，成立了天惠公司，采用的生产工艺与内蒙古伊克昭盟白彦淖基本相同，每年生产面碱700～800 t，产品畅销东北三省。由于天惠公司面碱质量好，每年还有相当数量的面碱出口到日本。

　　同一时期，有人在吉林省双辽县（今双辽市）创办郑家屯鱼碱公司，在玻璃山设有7家作坊生产面碱（900 t/a）和砖碱（210 t/a），从业人员达105人。

　　在20世纪初至大连碱厂投产前的30余年间，大布苏湖的天惠公司和郑家屯的鱼碱公司生产的面碱和砖碱，畅销我国东北市场，并影响到日本。天惠公司的生产规模之大（年产800 t面碱）为当时的天然碱工业之最。大连碱厂投产后，其出厂的纯碱质量高、产量大、成本低，而使天然碱加工的面碱相形见绌，大布苏湖的天惠公司因此逐渐衰落。

　　辽宁省曾有东升碱业公司、天业碱业公司，取大布苏湖的天然碱精制纯碱。1916年，采天然碱6 000担（$3×10^5$ kg），自营口、长春输出津沪。1923年，有甘肃大兴碱业公司取天然碱加工，年产2 200担（$1.1×10^5$ kg）。

　　2. 1949年至1995年

　　中华人民共和国成立后，全国人民欢欣鼓舞，在第一个五年计划的指引下，各行各业都很快恢复了元气，有秩序、有目标地向新的领域进军。

　　根据统一规划，内蒙古自治区在乌海市拉僧庙建立了乌海化工厂（当时名为海勃湾化工厂），拉僧庙地区有大量的优质泉水（这股泉水直到20世纪70年代中期才断流），有丰富的优质石灰石、煤炭，与宁夏的第二大城市石嘴山市仅一河（黄河）之隔，包（头）兰（州）铁路即将通过此地（建厂之初，还没兴建包兰铁路），原料依托鄂托克旗的各个碱湖。因此，海勃湾拉僧庙的地理、资源和交通条件十分优越。1952年建厂，有工人42名，年产70%的固体烧碱300 t，结束了过去天然碱只能生产锭子碱的历史，走向了真正意义上的工业化生产。

　　1958 年，在化工厂的基础上组成海勃湾化工公司，鄂托克旗的碱湖是公司的原料基地，拉僧庙是加工和集散的中心。当时，出现纯碱严重短缺，广东、辽宁、上海等地的车队去伊克昭盟碱湖长距离地运输原碱，形成了轰轰烈烈的群众性开采天然碱的高潮。

　　在大连化学工业公司刘嘉树总工程师的指导和帮助下，乌海化工厂的产品质量和技术管理得到了很大提高。

　　1961 年后，乌海化工厂的烧碱质量提高到 95%，产量也提高到 5 kt/a，并且开发了以天然碱为原料制取小苏打工艺，获得成功。国家投入了大量资金，修建了拉僧庙至察汗淖的 148 km 柏油路。因当时的纯碱价格才 200 元/吨，加之过度采碱，碱湖产碱量和质量都在下降，使得乌海化工厂经济效益下降，天然碱工业步入萧条时期，内蒙古天然碱加工厂只此一家，别无分号。

　　1965 年，内蒙古地质局发现锡林郭勒盟查干诺尔碱矿。1971 年着手建设，1974 年中央燃料化学工业部派领导和技术人员到现场调查，研究资源，进行开采和利用（笔者参加了本次调研和方案制定），完成了露天开采设计和建设，并建成郭（郭尔奔敖包）查（查干诺尔）专线铁路。由内蒙古建设兵团管理，开采的天然碱行销各地。1975 年开始进行加工芒硝碱试验。1979 年开始，我国经济发展加速，对纯碱、烧碱等化工产品需求量增加。国家决定大力发展天然碱工业，加速查干诺尔碱矿的开发和利用。1985 年通过开采 500 kt/a、加工小苏打 50 kt/a、烧碱 50 kt/a 的设计，1993 年交付生产。

　　内蒙古伊克昭盟公署根据盟内自然条件和碱湖资源，提出"发展伊盟经济，碱、硝（硫酸钠）要先行"的战略。1978 年成立了伊克昭盟天然碱科研组，为开发伊克昭盟碱湖先行，并在查干诺尔开展"碱田日晒工艺研究"。1979 年建立伊克昭盟化工研究所和下属多家企业。1979 年后改建成内蒙古伊克昭盟化工设计院。1992 年在此基础上组建了伊化集团总公司。到 21 世纪天然碱主要生产企业全部隶属于内蒙古远兴天然碱股份有限公司，其中包括桐柏安棚碱矿有限责任公司、桐柏海晶碱业有限公司、苏尼特碱业有限公司等。到 2010 年，天然碱产能已达 180 万 t，占全国纯碱产量的 8%。随着天然碱资源的不断发现，天然碱工业的发展有广阔前景。天然碱工业出现了蓬勃发展的大好形势。目前以天然碱为原料已可生产出优质纯碱、普通重质纯碱、烧碱、小苏打，并副产硫酸钠、泡花碱、粗纯碱，基本实现了天然碱的综合利用。

　　到 1995 年，天然碱行业已拥有万余名职工，年产值在 5 亿元以上，已经形成了天然碱工业的体系，涌现出许多专家和企业家，其中杰出代表是内蒙古伊克昭盟化工总公司总经理兼伊克昭盟化工研究所所长、全国五一劳动奖章和乌兰夫金奖获得者李武高级工程师。

当时已有天然碱厂矿几十家，其中主要厂矿介绍如表 2-2 所示：

表 2-2　国内主要天然碱加工厂、产品及产量表

厂名	地址	烧碱/ t·a^{-1}	小苏打/ t·a^{-1}	纯碱/ t·a^{-1}	泡花碱/ t·a^{-1}
内蒙古查干诺尔天然碱综合化工厂	锡林郭勒盟苏尼特右旗	50 000	60 000	—	—
内蒙古乌海市化工厂	乌海市拉僧庙	10 000	25 000	（氨碱）40 000	10 000
内蒙古伊克昭盟化工研究所	鄂尔多斯市东胜区	10 000	30 000（在建）	40 000	
内蒙古伊克昭盟白彦淖化工厂	鄂托克旗白彦淖	5 000	15 000	—	5 000
内蒙古伊克昭盟察汗淖化工厂	鄂托克旗察汗淖尔	5 000	15 000	—	
内蒙古鄂托克旗第一化工厂	鄂托克旗乌兰镇			10 000	
内蒙古鄂托克旗哈玛尔太化工厂	鄂托克旗哈玛尔太	5 000	10 000		
内蒙古乌审旗第一化工厂	乌审旗合同查汗淖尔	2 000	—	20 000	
内蒙古乌审旗第二化工厂	乌审旗合同查汗淖尔	5 000	—	5 000	
吉林省乾安县大布苏化工厂	吉林乾安县大布苏镇	—	—	6 000	
河南省桐柏县吴城碱矿	桐柏县吴城			10 000	
河南省南阳油田安棚碱矿	桐柏县安棚			10 000	
合计		92 000	165 000	91 000	15 000

注：1. 小苏打产量中包括在建厂 30 000 t/a；2. 纯碱产量中未包括氨碱法 40 000 t/a。

3. 中国天然碱工业的新技术、新工艺进展

1995 年以后，中国天然碱工业得到全面发展，新工艺、新技术、新设备的开发、应用，又促进了行业的发展，提高了工效，降低了能耗，提高了企业的经济效益，增强了经济活力。

（1）日晒碱田工艺的推广应用

日晒碱田工艺是由内蒙古伊克昭盟化工研究所开始研究的。利用湖边的滩地先修整成碱田，用输卤管把湖水（或晶间卤水）送到各碱田中进行蒸发浓缩，浓卤水再引至结晶池，蒸发析出倍半碱（$Na_2CO_3 \cdot NaHCO_3 \cdot 2H_2O$，夏季采收）或十水碱（$Na_2CO_3 \cdot 10H_2O$，秋季采收），采用机械化收碱。这一成果已在伊克昭盟的碱湖推广应用，改变了过去一年只能采收一次碱的传统习惯，大大提高了采碱的效率，使伊盟各碱湖取得了较好的经济效益。

（2）一水碱法制重质纯碱工艺的研究开发应用

在 20 世纪 80 年代以前，天然碱加工通常是用苛化法制烧碱或用碳酸化法制小苏打，或用平锅生产粗纯碱。1986 年以后，伊克昭盟化工研究所建设了利用日晒碱（天然碱）制重质纯碱的 10 kt/a 的试验装置，列入了国家科委的"星火"

计划。通过试验，生产取得了完整的试验数据，生产的重质纯碱除粒度外，其他各项指标都达到了国家优质纯碱的标准，其能耗较合成碱低，生产的重质纯碱成本是目前国内最低的。

伊克昭盟化工研究所的装置能力已达到 40 kt/a，另外，河南吴城碱矿和内蒙古乌审旗第一化工厂也采用此法生产重质纯碱。

（3）优质粒状重质纯碱工艺的研究开发应用

伊克昭盟化工研究所为使产品全面符合国家优质粒状纯碱的标准，于 1991 年进行优质粒状重质纯碱生产研制工艺。他们采用蒸发结晶器获得成功，使产品质量全面达到和超过国家标准，受到显像管和浮法玻璃行业的欢迎，使天然碱加工工艺达到了一个新水平。

（4）应用挖掘船，实现采碱工艺的机械化

伊克昭盟化工研究所受到盐业运用的采掘船在湖中边采碱、边洗泥的启示，自行设计制造了挖掘船用于碱湖采碱，简化了采碱工序，提高了劳动效率，实现了采碱、运输一条龙作业。这对现代碱湖在夏季采碱具有重要意义。

（5）高效设备的成功应用

①浅槽化碱

内蒙古各碱湖所出的天然碱含泥沙很多，化碱设备经过几代变化，仍存在不少缺陷。内蒙古伊克昭盟化工研究所开发的浅槽化碱，实现了连续化碱、洗涤、除砂，并实现了除砂管道化，降低了碱耗、提高了生产能力、减少了操作人员。现在乌审旗第一化工厂、查干诺尔天然碱综合化工厂都在采用浅槽化碱设备。

②微孔过滤器的应用

为了保证产品的高质量，伊克昭盟化工研究所应用微孔过滤器过滤澄清碱液，使碱液中的不溶物杂质降至 10 ppm 以下，从而保证了产品质量，也延长了蒸发设备的作业周期。

③板框过滤机的应用

过去在烧碱生产中，烧碱液的澄清均采用道尔式澄清桶，占地面积大，易返混，排泥碱液损失大，查干诺尔天然碱综合化工厂首先采用板框过滤机直接过滤苛化液，获得成功。板框机过滤后的碱液浓度在 50 mg/L 以下，滤饼含水量在 30％左右，用皮带输送，用汽车运走，实现了干排泥清，提高了碱液的质量，降低了碱耗，现在伊克昭盟化工研究所、白彦淖化工厂也都采用了这一高效设备。

4．中国天然碱工业近况及展望

（1）中国天然碱资源及开采方式近况

中国天然碱资源分布于内蒙古、吉林、河南、青海、新疆和西藏，主要集中于河南和内蒙古，2005 年已探明储量为 206 Mt（以 Na_2CO_3 计）。随着开采技术的进步和勘探工作的深入，2010 年统计我国天然碱储量达 4 亿 t，约占世界总储量的 0.25%。

中国天然碱已规模开采的矿床有 4 处。通过近年的资源整合、资产优化，内蒙古远兴天然碱股份有限公司拥有 95% 以上天然碱资源的开采权。其中，河南安棚碱矿、吴城碱矿的储量近 150 Mt，总碱含量高，盐、硝及水不溶物少，是生产低盐重质纯碱的优质原料，具有广阔的开发前景。详见表 2-3。

表 2-3　主要矿床情况和开采方式

矿床名称	位置	面积/km²	深度/m	主要矿物组成	储量（Na₂CO₃）/Mt	开采方式
安棚天然碱矿	河南省南阳市桐柏县	21	1 310～2 651	苏打石、碳氢钠石	104	水溶法开采
吴城天然碱矿	河南省南阳市桐柏县	4.66	642～973	晶碱石、苏打石	36.4	水溶法开采
查干诺尔天然碱矿	内蒙古锡林郭勒盟西部	21	20～30	泡碱、晶碱石	40	露天开采
鄂尔多斯天然碱湖群	内蒙古鄂尔多斯市南部	4～40不等	3～8	泡碱、晶碱石	26	露天开采

注：苏打石-$NaHCO_3$；碳氢钠石-$Na_2CO_3 \cdot 3NaHCO_3$；晶碱石-$Na_2CO_3 \cdot NaHCO_3 \cdot 2H_2O$；泡碱-$Na_2CO_3 \cdot 10H_2O$。

（2）产量和质量近况

进入 21 世纪以来，中国天然碱工业随着开采、加工技术的进步得到快速发展，天然碱生产纯碱能力达 885 kt/a。生产工艺主要有倍半碱工艺、碳酸化法工艺和一水碱工艺，分别形成了 300 kt/a、350 kt/a、235 kt/a 的生产能力。另外小苏打生产能力达 320 kt/a，烧碱生产能力达 70 kt/a。天然碱主要生产企业隶属于内蒙古远兴天然碱股份有限公司，详见表 2-4。

表 2-4　天然碱生产纯碱的主要企业产能　　　　　　　　　　　　kt/a

生产厂	工厂所在地	生产工艺	生产能力		
			纯碱	小苏打	烧碱
远兴天然碱公司	桐柏县安棚乡	倍半碱法	300		
	桐柏县吴城镇	碳酸化法	100		
	桐柏县月河镇	一水碱法	135		
	查干诺尔	碳酸化法	250	120	50
	合同查汗淖尔	一水碱法	100	100	20
	察汗淖、哈玛尔太淖等			100	
合计			885	320	70

由于远兴天然碱公司碱湖试验站资源萎缩、海晶碱业有限公司尚未达产，造成产量与产能的差距。

随着产能的增加，中国天然碱产量从 2000 年的 224 kt/a 增长至 2004 年的 785 kt/a，增长了两倍多，详见表 2-5。

表 2-5　天然碱加工纯碱产量

年度	2000	2001	2002	2003	2004
产量/kt·a^{-1}	224	392	581	630	785

经过工艺技术的改进和控制水平的提高，目前针对不同的原料组成可采用不同的工艺技术生产重质纯碱、轻质纯碱、小苏打。纯碱符合中国国家标准 GB 210.1—2004，GB 1886—92；小苏打符合中国国家标准 GB/T 1606—1998，GB/T 1887—1998。

随着"天然碱一步法加工重质纯碱技术""种植膜高效过滤技术"的应用，提高了纯碱产品的白度、纯度、粒度，完全可满足浮法玻璃、显像管等行业的要求，粒度可与美国天然碱产的重质纯碱相媲美，SO_4^{2-} 和重金属的含量低于行业标准，各生产企业都通过了 ISO 9002 质量体系认证。远兴公司的纯碱和小苏打是"绿色认证"的产品。

（3）主要天然碱生产企业概况

①桐柏安棚碱矿有限责任公司

第一，矿床特点。

安棚碱矿是国内发现的大型天然碱矿之一，地处淮河源头。安棚苏打石矿床是世界上埋藏最深的天然碱矿床，原料组成属重碳酸钠型和倍半碱型，有 17 个矿层，各层平均厚度从 0.6～1.6 m 不等，矿层中各组分平均为：$NaHCO_3$ 77.6%，Na_2CO_3 16.33%，NaCl <1%；矿层顶、底板及夹矸主要为白云岩、泥灰岩及油页岩。

第二，开采、加工技术。

在远兴公司对安棚碱矿资产重组以前，安棚碱矿一直沿用一水碱工艺流程，用烧碱或石灰作为助剂中和碱卤、注井溶采，造成苛化泥排放污染环境。由于原料组成属重碳酸钠型和倍半碱型，开采过程中碱卤浓度低，以及加工过程中产生大量 CO_2，造成能耗高、加工难度大，因此未能形成规模开采，天然碱的优势也没有发挥出来。

1999 年，首先实施了安棚碱矿 200 kt/a 重质纯碱扩建项目，针对安棚碱矿重碳酸钠型的矿体组成，公司研发的对井热溶双层可控开采技术，成功地应用于埋深为 2 000～2 500 m 的安棚天然碱矿的开采，提高了卤水浓度，加大了采矿能力，目前井距达 300～400 m；采出的碱卤中，$NaHCO_3$ 含量 115～120 g/L，

Na_2CO_3含量 75～80 g/L，NaCl 含量 4～5 g/L。

加工工艺采用倍半碱技术，即用一定温度的生产杂水溶采地下碱卤，杜绝了因烧碱助溶造成苛化泥排放，碱卤预热（分解部分碳酸氢钠，减少蒸发器负荷）后进行三效蒸发。为了减少进入煅烧炉的重碱水分、降低轻灰煅烧的能耗，利用真空转鼓过滤机和双级推料离心机二次分离水分；低盐母液注井溶采，高盐母液用于制取低度纯碱，既提高了原料的综合利用率，又避免了排放造成的污染。煅烧后的轻灰再经液相水合、煅烧生产低盐重质纯碱，产品粒度均匀、盐分低。此项技术的成功实施实现了装置自动化、大型化、露天化，使我国天然碱加工达到了国际水平。

②桐柏海晶碱业有限公司

第一，矿床特点。

吴城天然碱矿也是迄今发现的大型天然矿床，矿床分为上下矿段，有上部盐碱段（高盐）和下部以倍半碱存在的低盐段。下段共有 15 个晶碱石矿层，各层平均厚度从 0.5～1.5 m 不等，矿层平均含总 Na_2CO_3 为 54.9%，NaCl 为 0.3%，矿层顶、底板及夹矸主要为油页岩、泥质白云岩和白云质泥岩。

第二，开采、加工技术。

1997 年，远兴公司对吴城天然碱矿的开采、加工进行了科学规划。在 2000 年，对吴城天然碱的加工采用碳酸化法工艺，建成了年产 12 万 t 轻质纯碱的生产装置，合理利用了吴城碱矿上部盐碱段的高盐卤水。然后，针对下部主要以倍半碱形态存在的低盐矿段，在 2003 年年初实施了海晶碱业公司 100 kt/a 重质纯碱扩建项目。

该项目在开采、加工方面吸收了安棚 200 kt/a 重质纯碱项目的成功经验。地下开采继安棚碱矿技改采用对井热溶双层可控开采技术后，又成功地应用了水平井开采技术，增大了井距（井距 300～600 m），减少了井组，提高了产能，缩短了成井周期，提高了卤水浓度，延长了井的使用寿命。开采方面用压裂连通井和水平钻井进行水采，碱卤浓度总 Na_2CO_3 为 13%～14%。

加工工艺吸收倍半碱工艺的成功经验，解决了 CO_2 对传热影响和苛化泥排放问题，以低能耗、优质低盐重质纯碱为目标，采用具有湿分解功能的一步法重质纯碱加工工艺。该技术的特点是通过湿分解，控制 $NaHCO_3$ 分解深度，以及对结晶温度的控制，使 Na_2CO_3 以 $Na_2CO_3 \cdot H_2O$ 的形式从体系中分离，经煅烧制得低盐重质纯碱，产生的母液一部分返回和碱卤兑和进蒸发结晶系统，另一部分进入原 35 kt/a 生产装置，用于加工重灰。目前，海晶公司已形成 135 kt/a 的生产能力。工艺技术在倍半碱工艺的基础上对蒸发系统的工艺操作参数和设备结构做了较大技术调整，采用四效错流蒸发、低温浓缩、结晶器在线清洗、超低转速循环、过饱和度缓释等技术，缩短了工艺路线，减少了建设投资，大大降低了成本，产品质量达到了美国纯碱的水平。

③苏尼特碱业有限公司

第一，矿床特点。

查干诺尔泡碱矿床是埋藏浅并含有 Na_2SO_4 的大型天然碱矿床，共有 9 个矿层，其中 3 个主要矿层的平均厚度分别为 1.39 m、2.44 m 和 2.46 m。矿层顶、底板及夹层主要为黑色淤泥。各矿层的平均化学组成：Na_2CO_3 为 24.52％～26.84％，$NaHCO_3$ 为 1.64％～4.71％，Na_2SO_4 为 10.17％～11.97％，$NaCl$ 为 1.63％～2.01％，水不溶物为 2.07％～3.97％，结晶水为 54.70％～56.95％。矿体开采为机械化露天开采。

第二，加工方法。

由于盐、碱、硝共存，分离难度大，在 1997 年以前，只能生产小苏打和烧碱，能力也只有 50 kt/a，由于工艺技术限制，资源综合利用率较低，母液排放对资源污染比较严重。1997 年，伊化集团接管后根据其资源特点，进行了两次大规模技术改造。通过碳酸化中和工艺成功实现了盐、碱、硝的分离，先将天然碱制卤精制后，碳酸化制取纯碱，母液经碳酸化中和后蒸发制取元明粉，副产芒硝碱带走系统内盐粉，元明粉母液生产烧碱；整个生产过程连续封闭循环，资源得到充分利用，解决了苛化泥排放造成的环境污染的问题，使查干诺尔碱矿的开发和利用进入了一个新阶段。

三、中国天然碱具有广阔的发展前景

经过近几十年的不懈努力，积累了丰富的开采和加工经验，中国天然碱工业在资源、技术、成本、产品质量等方面具备了更大规模开发的条件。

在资源方面，随着近几年的勘探和开采的不断深入，天然碱储量有较大幅度的增加。

在成本方面，天然碱加工比合成法加工节约能源和原料，是低成本的加工方法，较国内合成碱成本低，与美国天然碱生产成本相近。

在开采技术方面，掌握了压裂连通和水平钻井连通的技术。水平钻井连通具有建井周期短、投资省、形成溶腔快和浓度高的特点。

在加工技术方面，根据不同的资源特点，采用不同的工艺技术。生产实践证明，水采和倍半碱工艺是开发利用安棚苏打石矿的成功方法；倍半碱、一水碱相结合的工艺技术，可直接制得重质纯碱；四效蒸发结晶装置与三效装置相比具有热利用率高、湿分解率高、能直接生产重质纯碱并降低成本的优势，为扩大生产能力创造了有利的技术条件。

为了保持现有优势，缩短与国际先进水平的差距，参与国际竞争，中国天然碱工业将以循环经济理念为指导，扩大生产规模，目前正在河南建设 1 套 400 kt/a 重质纯碱装置和配套的小苏打装置；增加产品品种、提高产品质量，适应市场需求；提高技术水平，降低原材料和能源消耗，进一步减少对环境的污染。

中国天然碱工业从 20 世纪初开始于伊克昭盟天然碱逐步发展到 21 世纪的全国范围天然碱生产，证实了我国纯碱工业的开拓者侯德榜所说的，"伊盟是中国天然碱的摇篮"。伊克昭盟天然碱工业的发展反映了中国天然碱工业的历史，对中国天然碱工业的发展也做出了巨大贡献。

第三章　中国合成纯碱工业发展史

第一节　兴起

一、路布兰法制碱

以芒硝为原料采用路布兰法制造纯碱，以四川为最早。四川彭山县（今眉山市彭山区）盛产芒硝，年产 300 万市斤（1.5×10^6 kg），清末官商合办，以一万两白银为资本，创设同益工厂，制造纯碱。1918 年改组为商办，成立股份有限公司，年产纯碱 350 t，1914 年至 1918 年"一战"期间，国内市场碱缺价扬，获利甚丰。彭山除同益外尚有开济、裕民两厂亦用路布兰法的后半段生产纯碱。1920 年，嘉定有裕华钾钠工厂、嘉裕碱厂，后又有蜀新化学工艺厂创设，江津有开源碱厂，巴县有川东协和碱务两个公司，坚泰碱厂则设在重庆，这些全是小规模的以芒硝为原料的纯碱制造厂。

用路布兰法全流程制造纯碱的工厂，始于 1916 年沪人葛廷杰等筹资十万，在胶济铁路之女姑口设立山东鲁丰化工机器制碱厂，当地煤、盐可以自给，产品 Na_2CO_3 含量达 96%，但实际生产量和目标相差很多，又逢"一战"结束、碱价大跌，终因经营不能维持而失败。

二、氨碱法制碱

20 世纪初，中国制革、造纸、肥皂、纺织、染料等工业都得到发展，纯碱用量日益增多，而国产口碱量少质次，且售价较高，四川一些路布兰法生产的小厂，所产纯碱不敷使用。

图 3 - 1　中国基本化学工业的奠基人范旭东

　　早在 1913 年，范旭东（图 3 - 1）到欧洲考察盐政时，看过国外的制碱厂，就有回国创办制碱厂的宏愿。第一次世界大战导致进口洋碱中断，洋行为牟利居奇，碱价竟高于正常价格七八倍，还买不到，上海、天津等以纯碱为原料的工厂因买不到纯碱而纷纷停止生产，严重影响了中国工业的发展和民众生活。范旭东决定创建中国人自己的制碱厂。1916 年，他受企业家吴次伯邀请到苏州共商制碱大计。范旭东在邀请信上欣然写下"五年十一月二十九日创办永利之起点"。为了解决制碱用盐高税问题，他们共同申请免税，1917 年 10 月 9 日获得成功。范旭东和吴次伯遂与陈调甫、王小徐等有识之士试验海盐制纯碱，并初试获得成功。1917 年 11 月召开创立会，并制定公司章程草案。1919 年 9 月，召开第二次创立会，对公司章程草案进行了修改。1920 年 5 月 9 日，在天津召开第一届股东成立会，经股东表决通过了公司章程，选举范旭东、景韬白、张岱杉、李宾四、吴朗山、龚梅生、佟佗公七人为董事；刘霖生、黄钧选为监察。本次股东成立会通过《永利制碱股份有限公司章程》第一条："本公司定名为永利制碱股份有限公司。"1920 年 9 月 18 日，北洋政府农商部以股份有限公司注册第三类第 475 号批复永利制碱股份有限公司执照（图 3 - 2）。

图 3-2 永利制碱股份有限公司执照

图 3-3 20 世纪 30 年代永利碱厂全景

此后，范旭东在天津设立永利制碱公司，在塘沽建设永利碱厂（图 3-3），采用索尔维法（即氨碱法）生产工艺制造纯碱。当时，生产纯碱的技术为索尔维公司所垄断。就国内条件来说，建设一个具有一定规模的碱厂有很多困难。英国卜内门洋行的经理曾当面对范旭东说："碱对贵国确实非常重要，只可惜办早了一点，就条件来说，再等三十年不迟。"范旭东未加理睬。他们迎着困难，千方百计筹措资金。他们从美国买到的图纸质量低劣，从美国买的设备也很落后，因此工厂建成后无法开工。1921 年，范旭东请当时在美国留学并获得博士学位的侯德榜为技师，又聘请了美国专家李佐华（G. T. Lee）来华协助。1921 年，侯德榜回国主持永利的技术工作。他和厂里职工一起艰苦奋斗，克服了工艺技术上的不少难关，重新制造和改进了一些设备，逐步具备了生产条件。1924 年 8 月 13 日，永利生产出了产品。但是生产不正常，产品含铁量较高，颜色发红，销售困难，公司负债累累。此时，卜内门洋行乘机插手，表示愿提供资金和技术进行合作，但产品必须由英方出售。范旭东等人重申了中国人才能入股的规定，拒绝了卜内门的要求。他们一面设法筹措资金，一面由侯德榜组织技术人员，反复试验研究，陆续解决了工艺、设备上的问题，1926年6月29日终于生产出合格的产品，颜色洁白，碳酸钠含量达到99%以上，因此取名"纯碱"，用以区别于舶来品"洋碱"。同年，"红三角"牌纯碱在美国费城举办的世界博览会上获得奖章。从这以后，我国生产的"红三角"牌纯碱质量优秀，不仅畅销国内，并远销日本、东南亚各地。永利制碱公司由于在技术上过了关，市场上取胜于卜内门，产量年年上升，使进口洋碱的比例日益缩小。

经过多年奋斗，到1928年，永利不论在生产技术上，还是在市场经济方面都得到稳固的推进。此时，侯德榜对十几年的制碱技术工作进行了系统的总结。他在塘沽用英文撰著了 *Manufacture of Soda*（《纯碱制造》）一书，于1933年在美国正式出版。此书为国际纯粹与应用化学联合会（IUPAK）、美国化学会（ACS）约著的反映当时科学技术水平的化工专著，是世界第一部详细论述重要工业原料纯碱（碳酸钠）大规模工业化制造技术的专著。它打破了比利时索尔维法制纯碱多年的技术封锁和垄断，使之成为全人类共同亨有的技术。此专著毫无保留地、完整地把索尔维法制纯碱的技术理论和工业过程公之于世，推动了世界重要工业原料纯碱（碳酸钠）及其关联产品制造技术和生产的发展，同时促进了化学工业的发展。为此，引起了世界化工界的广泛关注，认为此专著是中国化学家对世界文明的重大贡献。与此同时，也奠定了侯德榜的世界制碱权威地位和《纯碱制造》的权威性，也使我国纯碱工业在世界产生积极的影响。中国纯碱工业的兴起和侯德榜的制碱技术专著共同打造了中国纯碱工业大国的基础。

日本帝国主义侵占我国东北后，1936年在辽东半岛的大连兴建了满洲曹达株式会社，规模为日产纯碱100 t，1937年9月开始生产。接着又扩建为日产200 t，但未达到设计能力。1945年日本投降前，最高年产量为6万t左右。1947年"中苏远东电业"筹划恢复这个碱厂，改名为大连碱厂。首先恢复了煅烧系统的生产，利用停工时遗留下来的中间产品——碳酸氢钠生产纯碱。1948年正式开工生产，产量由日产40 t逐步增加到80 t。

1945年秋，日本投降，永利公司收回了塘沽碱厂，但许多设备已残破不堪，无法开工。经过抢修，1946年2月恢复生产。因时局动荡，物价飞涨，碱厂依旧处于困难的境地，最高年产量只有4.37万t。1948年12月，该厂因原料和电源中断而停产。

回顾我国纯碱工业的创业史，可以了解，范旭东和侯德榜不愧为中国制碱工业的先驱（图3-4）。他们为永利碱厂的筹建和发展呕心沥血，付出了毕生的精力。抗日战争胜利前夕，为了发展中国的化学工业，范旭东曾拟订了一个建设化学工业十大工厂的计划，1945年与美国的进出口银行签订了借款协定，但遭到了国民党政府的阻挠。范旭东失望之余，抑郁成疾，1945年10月4日在重庆病逝。在他的追悼会上，毛泽东主席亲笔写了"工业先导，功在中华"的挽词。周恩来和王若飞也写了"奋斗垂卅载，独创永利久大，遗恨渤海留残业；和平正开始，方期协力建设，深痛中国失先生"的挽联。

图3-4　1929年11月25日，国民政府工商部特派员徐善祥（左四）视察永利碱厂与范旭东
（左二）、侯德榜（左一）、李烛尘（左三）、陈调甫（左五）在厂前区合影

三、侯氏制碱法——中国工程技术史的一座丰碑

侯氏制碱法是我国科学家侯德榜（图3-5）发明的制纯碱方法，最初称为"侯氏碱法"。

当时，侯德榜先生根据多年制碱和制氨的经验索尔维法生产过程中存在很多缺点：原料利用率很低，约3 t原料只能得到1 t产品，尤其是NaCl的利用率，其中钠（Na）的理论转化率为84%，而实际只有70%左右，氯（Cl）则完全没有得到利用，使NaCl的总利用率只有28%左右。由此，出现大量废液废渣，每吨纯碱排量10 t以上废液，严重污染环境。虽然分解得到的二氧化碳和氨可回收再用，但是必须设置庞大的回收装置，加长工艺流程，并要消耗大量原材料和能量。造成原材料和能量的巨大浪费，所带来的综合后果是碳酸钠产品的成本很高。

针对索尔维法上述缺点，如果将索尔维法母液中含有的NH_4Cl直接以固体

图 3－5　制碱工业的权威侯德榜博士

分离析出，是可行的。当时，欧美各国进行了这方面的探索：诸如加热浓缩、冷却析出；将母液中加入食盐或硝酸钠等，再以低温冷却析出。但 NH_4Cl 溶液在高温下腐蚀严重，在工业上难于实现。

1937 年 7 月，日本帝国主义发动了全面侵华战争，塘沽沦陷，范旭东为保持民族气节，拒绝与日军合作，将技职人员和资料撤出工厂，聚集天津待命。日军强行接管永利后，范旭东决定将技职人员撤到四川。1938 年，在四川乐山的五通桥筹建永利化学公司川厂（以下简称川厂）。

川厂所用的原料，是当地的低浓度地下盐卤，价格较贵，且采用氨碱法制碱，废液废渣无处排放。这时，德国有一种蔡安法（Zahn Process）制碱专利，原盐的利用率由原氨碱法的 75％提高到 90％～95％。于是，侯德榜等赴德考察，准备购买专利。但当时德、意、日法西斯已结成轴心国，侯德榜等人受到百般刁难。对方在技术上严加封锁，并提出不准永利产品在日军侵占的我国东北地区销售等条件。范旭东十分气愤，他说："东三省是中国的领土，我国的产品不仅要在东北销售，而且要销至世界各地。"侯德榜亦说："黄头发、绿眼珠的人能够办到的事，我们黑头发、黑眼珠的人也能办到，而且一定比他们办得好。"他们决心自己开发制碱新工艺，由侯德榜直接领导试验工作。

当时，川西的条件很差，试验用的原料氨缺乏，他们就用肥田粉（硫酸铵）分解制氨。1939 年春，试验移到香港范旭东家中进行，以后又迁到上海法租界和美国纽约，并在纽约成立了设计组，进行中间厂设计。1941 年初，制碱新工艺试验取得成果。为了表彰侯德榜开拓制碱新工艺的功绩，1941 年 3 月 15 日，在永利川厂厂务会上，范旭东提议将这个新工艺命名为"侯氏碱法"（Hou's Process），现称侯德榜制碱法。永利同人一致同意并向正在美国工作的侯德榜祝贺。赞扬他"……为世界制碱技术开辟了新纪元……"侯德榜不满足已经取得的成就，认为这一新的方法还不理想。1942年，他在给永利川厂同事的信中说："我无论如何要把这个方法改为连续的方法。我已拟好了一个从合成氨开始的制碱流程。这个制造碳酸钠和氯化铵的新法，自然地把两种工业——索尔维制碱工业和合成氨工业联合起来。这样，对化学工业在技术上将有极重要的贡献。"

在川人员经过紧张的准备，于1943年秋在川厂安装好连续法半工业化试验装置。这套装置由石灰窑、压缩机、碳酸化塔、吸氨塔、吸氨母液贮桶、两种母液贮桶、抽滤桶、真空泵、结晶桶、分离机、冷却器、干燥机等设备组成。

11月，新流程的半工业化试验开车。这次试验由永利化工研究部的郭锡彤、谢为杰、张燕刚、刘潜阳负责，李树梧、张天佑、余祖燕参加，分三班进行连续试验。这次试验的目的是：将间断法改为连续法；考察连续法产品和母液的质量；考察连续法母液平衡问题。

连续试验在化工研究部同事的努力下顺利进行，仅用了两个多月时间，已取得满意的结果，得到了连续循环的操作流程（图3-6）。

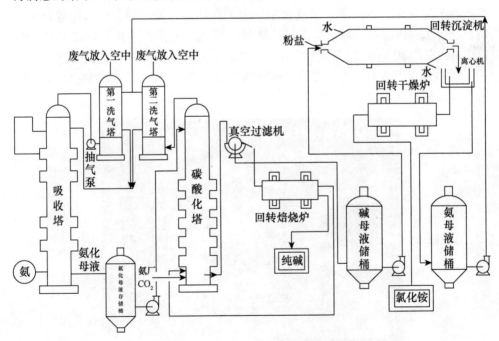

图3-6　1943年侯氏碱法流程图

1942年秋，在五通桥建成了一个日产几十千克的连续试验装置。在侯德榜的领导下，1943年该试验取得了满意的结果，一个与蔡安法截然不同，有自己特点的氨、碱联合流程——侯氏碱法试验成功。侯氏碱法可以连续生产，原盐利用率达98%，超过了蔡安法。

1943年12月25日，在川西五通桥召开的中国化学会第十一届年会上，侯氏碱法和学术界初次见面，由始终参与该法研究的郭锡彤代表侯德榜（当时侯德榜在国外工作）在会上介绍侯氏碱法，会议主席、重庆大学校长张洪沅带领全体代表参观侯氏碱法试验现场。我国化学界对这项成果十分重视，并做了高度评价。会后，中国化学会以年会名义致函侯德榜，对他所取得的成就表示祝贺，并号召中国化学会会员学习侯德榜不避艰苦、顽强奋斗的精神。

在成功面前，侯德榜平静而谦虚地说："科学领域的客观事实，迟早会被人们发现，联合制碱欧洲也在进行，不过我们多做了些工作，比较早些发现客观规律罢了。"然而欧洲的蔡安法已不复存在了。

由于战乱，侯氏碱法沉睡了6年之久。1949年，由于侯氏碱法在工业上的独到之处，1月17日，国民政府以京工（38）字第1056号通知核准"侯氏碱法"专利10年。

中华人民共和国成立后，经重工业部同意，组织了日产10 t侯氏碱法扩大生产试验车间设计。1951年，大连化学厂组织孔庆震、陆冠钰、卢作德等技术人员，进行了室内试验，确定侯氏碱法流程选择和工艺条件控制。1952年10月，侯氏碱法日产10 t的试验装置在方汉彬、方志文的带领下投入了全流程试验。

1953年7月1日，中央工商行政管理局以"发字第一号"文颁发发明证书，给予侯氏碱法发明权5年（图3-7）。

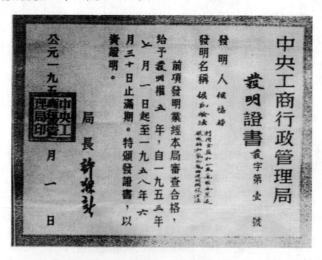

图3-7　1953年7月1日，"侯氏碱法"获得新中国发字第一号发明证书

四、1924 年至 1948 年纯碱产量

1924 年至 1948 年纯碱产量如表 3－1 所示。

表 3－1　纯碱产量　　　　　　　　　　　　　单位：t

年份	产量	年份	产量	年份	产量
1924	258	1933	33 699	1942	97 579
1925	1 805	1934	3 749	1943	88 898
1926	4 504	1935	43 581	1944	68 045
1927	13 404	1936	55 410	1945	11 514
1928	15 356	1937	48 871	1946	23 036
1929	14 778	1938	59 420	1947	33 119
1930	19 463	1939	83 152	1948	43 735
1931	23 442	1940	101 138		
1932	31 927	1941	1 000 772		

第二节　中国纯碱工业的发展

一、氨碱法制纯碱

中国纯碱工业的发展是在中华人民共和国成立以后。

中华人民共和国成立初期，对原有的老厂进行了恢复、改造和扩建，纯碱产量不断提高。

大连碱厂首先恢复生产，到 1951 年，产量突破了日伪时期的最高水平，达到 6.59 万 t，1952 年达到 9.69 万 t。1951 年 7 月 1 日，周恩来总理到大连化学厂（今大化集团）视察，了解纯碱恢复生产情况（图 3－8）。

永利碱厂也获得了新生。三年经济恢复时期，纯碱产量从 1949 年的 4.1 万 t 提高到 1952 年的 9.1 万 t，达到创建厂以来的最高生产纪录。1952 年实现了公私合营。从 1953 年起，国家对两个老企业进行技术改造和扩建，以新设备代替落后的小型设备，如盐水车间采用多层洗泥桶，石灰窑采用泡沫除尘器和电除尘器，制碱主要设备采用直径为 2.5 m 的碳酸化塔、2.8 m 的蒸氨塔、2.5 m 的煅烧炉和过滤面积为 13.5 m² 的滤碱机，成品运输、装卸逐步机械化，从而使大连碱厂生产能力不断扩大。1954 年 4 月 23 日，毛泽东主席视察公私合营永利化学工业公司沽厂（今天津碱厂）见图 3－9。

1956 年，大连碱厂生产纯碱 28.56 万 t，1957 年产量为 30.7 万 t，成为我国第一个大纯碱厂。永利碱厂的生产能力到 1957 年扩大到 17.5 万 t，当年实际

生产了 19.4 万 t。两厂还加强了企业管理，合理利用资源，各项技术经济指标均有显著改进，成本和原料消耗定额逐年下降，其中氨耗降低了 67%，盐耗降低了 30%左右。1957 年，两个老厂的纯碱生产量共达到 50.1 万 t，比 1952 年增加了 1.66 倍。

图3-8　1951 年 7 月 1 日，周恩来总理到大连化学厂（今大化集团）视察

图3-9　1954 年 4 月 23 日，毛泽东主席视察公私合营
永利化学工业公司沽厂（今天津碱厂）

　　从 1956 年开始，国家对两个厂继续投资扩建。大连碱厂扩建了氨碱法纯碱装置，新建了联碱车间。永利碱厂新建了蒸氨吸氨、碳酸化、煅烧厂房和石灰石矿。两厂全部建成，生产能力可达 90 万 t。在改造和扩建过程中，设计、设备制造和安装都是依靠我国自己的力量。大连碱厂的总工程师刘嘉树和永利碱厂总工程师张佐汤，把多年的实践经验和技术知识用于革新工艺和设备，并培养了一批中青年技术力量，为纯碱工业的建设做出了贡献。

　　为了使广大职工尽快地提高生产操作技能，两厂先后办起了各种学习班和制碱理论专业班，由本厂有经验的工程师讲课。工人们把学到的科技知识同生产实践经验结合起来，总结了一套行之有效的操作方法，在促进生产、平稳操作和降低消耗等方面起了一定的作用。不少人后来成为技术管理骨干和革新能手。

　　在此期间，大连碱厂重碱车间主任张步间组织的三结合技术研究会起到了良好作用。研究会利用业余时间活动，研究解决生产中出现的技术疑难问题，厂部领导参加讨论。由于生产大幅度增长，设备能力不断强化，生产中曾一度出现"色碱"（成品颜色微红或灰色）。针对这个问题，行政领导、工程技术人员和操作工人一起，在实验室和车间进行了大量研究和试验。同时，永利碱厂做了许多实验研究工作。两厂密切协作、交流经验，终于解决了"色碱"问题，保证了产品洁白，符合质量标准，从而使我国纯碱在国际市场上继续享有较高的声誉，许多国家给予"免检"的特许，畅销东南亚和非洲等广大地区。多年来，三结合技术研究会解决了许多生产中的关键问题，提高了工人的技术水平，促进了生产的发展。

　　1958 年至 1962 年，两厂产量一度下降，成本和消耗定额也有不同程度的上升。经过"调整、巩固、充实、提高"后情况迅速好转。至 1966 年，每吨纯碱盐耗降到 1 377 千克，达到世界先进水平。永利碱厂的中青年工程师和操作工人一起，研究在石灰石煅烧过程中以无烟煤代替焦炭获得成功，并因地制宜地进行了推广应用。大连碱厂开始采用 501 型离心式压缩机，成品包装贮运也实现了半机械化，降低了工人的劳动强度，工厂面貌开始改观。1958 年，大连化学工业公司碱厂（原大连碱厂，简称大化碱厂）动工新建的联碱车间，于 1964 年通过鉴定正式投产，1966 年纯碱产量达到 86.88 万 t。1958 年以来，在自力更生的方针指导下，我国自行设计、自行建造，陆续建立了青岛、自贡、杭州等碱厂，形成了纯碱工业的一批骨干力量，1958 年产能达到 64 万 t 以上。全国纯碱产量突破百万吨大关，达到 106.6 万 t。

　　1967 年至 1976 年十年间，纯碱工业曾一度出现产量下降，消耗定额和成本上升的现象。通过职工努力，生产逐步稳定并略有增长。1970 年 3 月，天津碱厂（即永利碱厂）开始动工新建一个以重油为原料、年生产能力 5 万 t 的合成氨车间和一个年产 15 万 t 氯化铵的车间,将部分氨碱法纯碱生产改为联合制碱。原计划两年内建成,但由于没有遵守基建程序,拖延了工程进度。1974 年重新制订工程方案,联碱工程才走向正轨。1969 年建设湖北应城 10 万 t 联碱厂,1977 年投产。

1976 年 7 月 28 日凌晨,唐山发生大地震,天津碱厂遭到严重破坏,扩建时新建的蒸氨吸氨厂房倒塌,许多塔器震倒或裂损,白灰埝垮塌,职工多人伤亡,全厂停工。在李艺林副部长带领下,化工部抗震救灾工作组协同中央领导和天津市领导到厂参加震后抢修、指导工作(本人也是工作组成员——笔者)。面临严重灾害,广大职工不顾个人及家属的安危,冒着余震的威胁,强忍着亲人伤亡的悲痛,奔赴工厂抢救伤员和国家财产,并为恢复生产献计献策,昼夜抢修,加快了设备、管道和厂房的修复加固工作,仅用 45 天,就使原估计需停产一年的纯碱恢复了震后第一期生产。

这一时期,纯碱发展缓慢,产需矛盾逐渐突出。由于纯碱严重不足,企业不得不超负荷生产,加上多年来纯碱设备的折旧率和大修理提成率过低,厂房设备严重失修,安全生产难以保证,技术经济指标倒退,连简单再生产也难以维持。1979 年,国家计委、国家经委和化工部决定采取紧急措施,拨专款进行大修,以保生产。

1980 年春,大化碱厂、天津碱厂开始了厂房设备的大检修。在大修中,结合技术改造,尽量采用大型、高效设备和新型耐腐蚀材料,提高自动化水平,改善劳动条件。如两厂的碳化塔采用不锈钢冷却小管、钛泵等;氯化铵工序大量采用新型耐腐蚀材料。大化碱厂进一步将 1973 年采用的 DA – 350 离心压缩机叶轮改为精钛铸造,提高了设备的耐腐蚀性能,使单机能力提高了 10 倍。天津碱厂结合地震恢复重建工程,在总工程师陈宝庆的具体指导下,设计制造了直径为 3.2 m 的大型碳酸化塔和过滤面积为 20 m^2 的滤碱机,单机能力都提高了 1 倍左右,投产后效果很好。该厂还采用蒸汽驱动的螺杆式二氧化碳压缩机,打气量每小时可达 2 万 m^3,单机能力提高 10 倍多,同时采用了引进的钛平板换热器以提高冷却效率,降低消耗。

经过三年多的边生产、边大修,两个厂的生产装置和工厂面貌焕然一新,操作条件大大改善。

天津碱厂通过大修以及地震后重建和完成联碱扩建工程,1983 年纯碱产量达到 46 万 t,比 1976 年增加了 50%。

1979 年以后,两个厂在技术改造方面也做了不少工作,如各岗位多采用自动分析、自查、自调,自动化水平有了进一步提高。将道尔式澄清桶改为蜂窝或斜板结构;纯碱运输机改为各种角度的埋刮板运输机,使设备进一步高效化;采用合成材料、合金铸铁以及新型金属等耐腐蚀材料，使设备面貌、车间环境大大改观。大化碱厂还采用脉冲袋式除尘器，使成品包装岗位的含尘量降低了90%。

1979年和1982年，天津碱厂两次获得国家金质质量奖，1982年大连碱厂也获得国家金质质量奖。1983年，两个厂的生产能力总共达到110万t，产量达到114.8万t，约占全国纯碱总产量的65%。

随着建设的发展，纯碱需求量不断增加。我国纯碱供不应求的局面日趋严重。到20世纪70年代中期，国家不得不用大量外汇进口纯碱，最多年进口量超过了100万t。为了缓解纯碱短缺现状，国家积极改造和扩建老厂，如天津碱厂、大化碱厂及自贡鸿鹤化工厂联碱等。

同时建设新厂，1983年3月国家计委批准建设山东寿光纯碱厂（后改为潍坊纯碱厂）。该厂采用氨碱法生产工艺，规模为年产60万t纯碱，其中含重质纯碱20万t，由化工部第一设计院设计，引进德国碳酸化塔、煅烧炉、滤碱机三种共18套设备。1986年4月开工建设，1989年6月投产，1994年国家验收并达到设计能力。

同年7月，国家计委批准建设江苏连云港碱厂，采用氨碱工艺，规模年产纯碱60万t，其中重质纯碱40万t。由化工部第八设计院设计，1986年9月开工建设，1989年10月建成投产。

1985年，国家计委批准建设唐山碱厂，采用氨碱法工艺，规模年产纯碱60万t，其中重质纯碱40万t，由化工部第八设计院设计，1986年9月动工，1994年验收投产。

为了发展纯碱工业的需要，1995年改革了我国工业盐的供应方式、供销和价格管理，也促进了纯碱工业的大发展。除此之外，还兴建了一批中小氨碱厂。2000年，全国纯碱产量已达到870万t，居世界第二位，满足了国民经济各部门的需要，并由纯碱进口国变为出口国，出口量达到60万t。全国纯碱产能仍以氨碱法为主，约占总产能的60%。

二、联合制碱

（一）联合法制纯碱和氯化铵的诞生

联合法制碱，即侯氏制碱法生产纯碱和氯化铵，简称"联碱"。此法解决了氨碱法的缺点，并利用合成氨生产中脱除的二氧化碳为原料生产碳酸钠（纯碱），同时生产氯化铵。

侯氏制碱法虽然早在1943年就完成试验，但实现工业化生产是在中华人民共和国成立以后。1949年11月，重工业部组织了侯德榜和永利公司的工程师到大连化学厂参观，研究该厂恢复生产问题。在参观过程中，他们发现大连碱厂和氨厂只有一墙之隔，南碱北氨近在咫尺，是采用"侯氏碱法"的有利条件。他们当即向主管两厂的大连化学公司提出建议，并得到同意。公司派大连化学厂厂长到北京与侯德榜研究建设试验车间。1951年，大连化学厂工程技术人员陆冠钰等人到京，在侯德榜的指导下，确定日产10 t规模联碱中间试验车间的工艺流程和设备，并在大连化学厂开展实验室试验，为放大设计取得数据，还提出了二次碳酸化流程。1952年，日产10 t的装置安装试车，顺利开展试验工作。1953年，中央工商行政管理局为"侯氏碱法"颁发了发明证书。由于有个别人提出反对意见，试验暂停。

1956年冬，侯德榜向国务院和化学工业部做了汇报，提出继续1953年的试验要求，得到国务院和化工部的支持，同意继续试验。化工部部长彭涛指出："借鉴外国经验要结合国情，不能因为外国不搞我们也不搞。"试验又重新进行。

由于氯化铵的肥效问题，"侯氏碱法"扩大试验一度停顿。经过侯德榜亲自着手调查和科技局的平行调查，确认了氯化铵的肥效，同时得到化工部部长彭涛的支持，使试验恢复并得到加强。1957年至1958年先后完成了一次碳酸化、二次碳酸化；一次加盐和二次加盐；各种结晶器选型及碳酸化塔、干铵器等设备的选型及试验项目。确定了"侯氏碱法"的具体流程、工艺指标和装备，为工业化生产提供了完美的依据。

化工部决定，在中间试验的同时，建设工业规模的联合制碱装置。于是，组织了大连碱厂、化工部化工设计院、兰州化学工业公司等单位的一批工程技术人员，在大连化学厂的统一领导下，恢复中间厂试验和补充实验室试验。1957年，化工部化工设计院制碱科纯碱专业组迁到大连，进一步充实了中间试验的技术力量。同年5月，日产10 t双产品的第二阶段全循环试车开始。到1958年年底，先后确定了流程、工艺条件、设备选型、碳化清洗方法、原盐质量指标、母液平衡等，并提出了对防腐蚀和计量的特殊要求。这一阶段的中间试验工作，为"侯氏碱法"从实验室进入工业化生产打下了坚实的基础，为工业化设计提供了较完整的数据，并为大生产做了技术上和操作上的准备。由中央试验室联碱研究组及时配合必要的室内试验，直到第一个大规模联碱车间建成后为止。

1957年，化工部设计院派刘嘉树、李祉川等负责设计大连侯氏碱法生产车间的工作，王楚为项目负责人，刘季芳负责设备。1958年破土动工建设，同时进行设备的制作安装工作。到1961年，一座年产8万 t的完全依靠我国自己力量进行设计、设备制作、安装的侯氏碱法生产车间建设完成，当年投入试生产。在试生产过程中不断调整设备，使设备和生产的要求相适应，同时还总结出了一套防腐蚀的经验，从而突破了设备的防腐关；试生产中积累了大量操作数据，并从中总结出了一套合理的操作规程。试生产还为大生产培养了大批熟练的技术工人。

在试生产的同时，研究工作仍在紧张进行：氯化铵结晶与过饱和度的关系；氯化铵结晶的成长速度；液体悬浮流速和氯化铵结晶间的关系；冷析；盐析；喷射吸氨；造粒等。这些试验成果为氯化铵结晶过程的设备定型、促进大生产过关都起到积极的作用，也使"侯氏碱法"的技术更臻完善。

通过三年的试生产，侯氏碱法大生产车间已达到设备运转正常、生产操作稳定的要求，两种产品均达到日产 240 t 的水平，全面实现国家规定的各项指标，1963 年已经有了盈利。侯德榜激动地说："联碱工程 20％是 1943 年之前打的基础，绝大部分是在中华人民共和国成立后完成的，自 1951 年至 1964 年先后提出研究报告计 74 篇，设计上前后有过两次重大修改，工程在试车过程中的顺调、小改不计其数……花这么多的投资和人力，要在中华人民共和国成立前去做是完全不可想象的。"

1964 年 12 月 11 日，国家科委组成鉴定委员会，对侯氏碱法生产车间进行技术鉴定，这一车间最后采用二次吸氨、一次碳酸化、一次加盐、母Ⅱ调盐的流程，及冷析、盐析结晶器、循环外冷器、蒸汽煅烧炉等新设备。采用这一流程（图 3－10）可生产纯碱和氯化铵两种产品，使纯碱成本大幅度降低，原盐得到充分利用，大量减少废渣废液的污染。

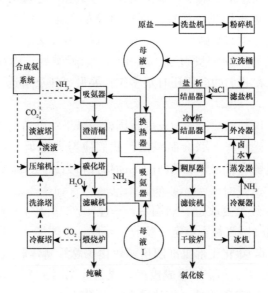

图 3－10　1964 年侯氏制碱法鉴定时的工艺流程图

鉴定会由国家科委副主任张有瑄主持，经过化工专家严慎审议，认为"侯氏碱法技术成熟，原料利用充分，经济合理。它采用的新工艺会促进我国制碱工业和化肥工业的发展，是制碱工业中的一项重大革新，且具有世界水平。蒸汽煅烧炉设备先进，结构合理，节省能耗。两项成果可以在全国范围内推广使用"。来自全国各地参加鉴定的专家、学者无不盛赞侯德榜及参加过这一工作的同志所付出的辛勤劳动和取得的丰硕成果，也为我国取得这项重大成果而欢欣鼓舞。

1964年夏，在准备"侯氏碱法"鉴定的过程中，侯德榜认为中华人民共和国成立后，国家不提倡以个人名字命名城市、街道和工厂，一个工业方法也不应用个人名字命名。他认为自己在新流程的创建中在工艺上有点革新，在关键性的问题上提供了一些思路。另外，这一流程自1938年以来我国前后有几十名工程技术人员参与工作，为此呕心沥血，深感如再用"侯氏碱法"来命名这一工艺甚为不妥，他诚恳建议在大生产中不再使用"侯氏碱法"这一名称。侯德榜的意见和中央领导同志的意见不谋而合，化工部很快采纳了侯德榜的意见，遂在鉴定会上正式改"侯氏碱法"为"联合制碱法"。联合法制纯碱和氯化铵诞生，称为联合制碱法，简称联碱。

在鉴定会快结束的时候，侯德榜眼里闪烁着激动的泪花，在热烈的掌声中走上讲台。他说："26年前，我和永利的同事，为了适应战时工业的需要，一起开发了制碱新流程，经过多少艰辛，多少曲折。今天在周总理的关怀和部党组的大力支持下，克服了重重困难，耗费了国家巨额的资金、物资，经过多少技术人员、工人和老一代专家的辛勤劳动，才功砥于成。我由衷感到中国的联合制碱来之不易，她是祖国的一项宝贵财富，愿我们大家爱惜她，珍视她，使她日臻完善，更上一层楼。在我们的前面还有很多工作要做，任重道远。我愿与诸君一起努力……"

侯德榜等老一代制碱专家，为发展我国的纯碱工业勤劳终生，为我国和世界留下了宝贵的科学遗产——联合制碱法。我们应努力继承、发扬侯德榜永不休止、不断攀登、坚韧不拔、勇于创新的革命精神，为加速发展我国的经济建设而努力奋斗。

1963—1964年经反复改进、顺调后，一座年产16万t双产品的大型联碱装置建成投产，并通过国家科委鉴定、验收。至此，中国第一个联碱装置正式矗立于世界。继之，1967年化工部批准四川鸿鹤化工总厂新建联碱装置的初步设计，规模为双产品10万t。1975年建成投产，成为我国第一个以井盐为原料的联碱厂。1981年进行了扩建和改造，解决了母液平衡和二氧化碳不足的问题，简化了流程，降低了成本，使纯碱生产能力增加到13.5万t。1968年6月，国家计委批准建设湖北省化工厂（应城）纯碱、氯化铵各 18 万 t。此项目是盐（以地下岩盐为原料）、碱（纯碱）、肥（氯化铵）、热能综合利用的新型化工厂，除联碱产品外，同时生产精盐 25 万 t。1970 年 4 月开工建设，1971 年生产出固体盐。全部工程于 1978 年 2 月完工并试生产，但核定能力只有双 10 万 t。1982 年国家计委批准填平补齐达到年产双 16 万 t，1984 年完成。该厂的资源优势得到充分发挥。1983 年，国家计委批准天津碱厂扩建（15 万 t 联碱），1985 年开工建设，1987 年建成投产。此外，还建设了小型利用合成氨池放气的联碱如龙山化工厂11 万 t 联碱等。

此外，还建设一大批"变换气制碱"的联碱厂（即小联碱，下节将有专述）。龙山化工厂是最早建设的小型纯碱厂，早在 1958 年就建成了年产 5 000 t 纯碱的小氨碱。1970 年开始建设 1.5 万 t（双产品）浓气制纯碱的小联碱，1977 年建成投产。到 1990 年已经形成 6 kt/a 的生产能力。到 21 世纪初开始搬迁新厂址，继续生产。

至此，联合法生产纯碱和氯铵的企业，已经形成了与氨碱呼应的生产力。

（二）联合制碱法的发展

20 世纪 50 年代，"侯氏碱法"在中国大连建设了日产 10 t 的中间试验车间，到 1964 年日产 240 t 生产装置通过国家鉴定，形成了工业化生产的"联合制碱法"。进入 21 世纪，中国的"联合制碱法"一路走来，技术不断更新，生产不断壮大，表现出极强的可持续发展的生命力。

1."联合制碱法"与"索尔维法"的比较

"联合制碱法"是以食盐、二氧化碳、氨为原料。然而二氧化碳和氨的来源却不同于索尔维法，而是来自合成氨生产。此法克服了索尔维法的缺点，产品由单一的碳酸钠而变为同时生产碳酸钠（Na_2CO_3）和氯化铵（NH_4Cl）两种产品，其总化学平衡方程式可表示为：

$$2NaCl + 2NH_3 + CO_2 + H_2O \Longrightarrow Na_2CO_3 + 2NH_4Cl$$

此法的生产过程，成为一封闭循环过程，不断补充原料（NH_3、$NaCl$、CO_2、H_2O），不断制出产品碳酸钠（纯碱）和氯化铵。全过程原理见图 3-11。

此法与索尔维法的不同，在于碳酸化过滤后的母液不加石灰乳回收 NH_3，而是使它再吸氨，使溶解度较小的 HCO_3^{-1} 盐反应成溶解度大的 CO_3^{-2} 盐。然后冷却并加入 $NaCl$，使 NH_4Cl 先冷析、后盐析而得到 NH_4Cl 结晶。利用合成氨厂的 NH_3 生产 NH_4Cl，利用副产的 CO_2 生产碳酸钠。生产过程可分为Ⅰ过程（制碳酸钠）和Ⅱ过程（制氯化铵）。

Ⅰ过程：分离 NH_4Cl 后的母液称为母液Ⅱ（MⅡ），与Ⅱ过程的母液Ⅱ进行热交换，而后吸氨制成氨母液Ⅱ（AⅡ），经澄清去杂质后送至碳酸化塔，以通

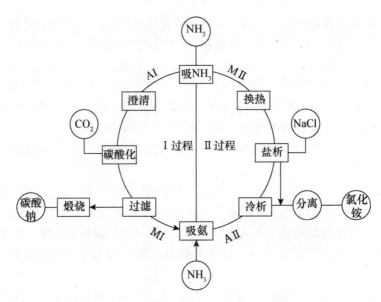

图 3-11 联合制碱工艺过程示意图

入 CO_2 进行碳酸化生产 $NaHCO_3$,经滤、煅烧制得碳酸钠产品。

Ⅱ过程:过滤 $NaHCO_3$ 后的母液,称为母液Ⅰ(MⅠ),经吸氨后制成氨母液(AⅠ),然后与MⅡ进行换热,AⅠ降温后送入结晶器,进行冷析和盐析、离心分离、干燥而制得 NH_4Cl 产品。

此法的主要优点是:提高了原料利用率,其中食盐的利用率可达 90% 以上,实践证明最高可达 98%,而氨碱法只有 73%。不需石灰石和焦炭而直接生产氯化铵产品,使氨和二氧化碳的利用率也有很大提高,使综合成本大幅度下降,与索尔维法相比下降一半。同时,流程相对缩短、装置减少,使建厂投资节省 1/4以上。由于无大量废渣、废液排出,防止了环境的污染,降低了对建厂条件的要求,为内地建厂,合理工业布局,减少原料、产品的运输创造了条件。此法的另一大优点是使制碱(Na_2CO_3)和制氨实现了联合生产,原料、中间产品互为利用,节能降耗,扩大产品,为化学工业实现广泛的联合生产开辟了广阔的前景,有深远意义。这也是侯德榜的伟大功绩。

这里值得一提的是,"氨碱联合"从最初的"松散"联合,即原料中间体的互用,同时生产两类产品,现在已经出现更加紧密的"联合",即不仅原料、中间体互用,而且工艺过程互补。制碱中的碳酸化过程,成为制氨变换气的脱(除二氧化)破过程,使联合更前进一步。这就是侯德榜先生晚年十分关心的"变换气制碱"的"联碱"技术。联合制碱技术的出现,对化学工业的发展产生了积极的、深远的影响,使它成为 20 世纪的重大发现。

2. 联合制碱法技术进展

自 20 世纪 60 年代中国第一套年产 16 万 t 的联合制碱法工业化大型生产装置正式投产以来，由于联合制碱法具有高的原料利用率和基本无废渣、废液排放的突出优点，在中国得到迅速发展。到 2004 年中国纯碱年生产量达 12 490 kt（1 249 万 t）居世界首位，其中联合法纯碱产量为 5 027 kt（502.7 万 t），占 40.2%。到 2011 年，中国纯碱产量已达 2 236 万 t，稳居世界第一，其中联碱产量已达 1 154 万 t，占 52%。联合制碱作为中国独到的生产方法，其生产技术从诞生开始就在与时俱进、不断发展。

中国的联碱工业在发展过程中对生产工艺和设备进行了不断改进，目前，中国的联碱技术与初期相比有了很大提高。下面简要介绍一些主要的技术进步项目。

（1）氯化铵冷析结晶循环系统的改进

氯化铵冷析结晶器设有外部冷却器用以降低母液温度，析出氯化铵结晶。结晶器与外冷器之间设有循环泵及大直径循环管。由于外冷却器传热面会结疤，需定期切换清洗，因此在大直径循环管上须设切断阀。由于介质的腐蚀性以及存在结疤和晶浆冲刷等恶劣条件，循环轴流泵的轴瓦及循环管上的切断阀经常发生故障，成了影响连续生产的首要问题，后来设计了无底瓦轴流泵及无切断阀循环系统，解决了这一问题。

（2）制冷系统的改进

由于氯化铵冷析过程要求精确控制温度，初期建设的联碱装置，冷析过程是通过液氨蒸发冷却卤水，再用冷卤水去冷却母液，从而析出氯化铵结晶。以后改为液氨直接进入外冷器蒸发冷却母液的流程，解决了温度控制技术。液氨制冷不但缩短了流程，减少了设备及管线，而且因减少了换热次数，减少了传热温差，从而提高了液氨的蒸发温度，降低了冷冻系统的能耗。

（3）吸氨设备的改进

如前所述，联碱生产中有二次吸氨，原来采用与氨碱法相似的吸氨塔，塔高 33 m，重 100 多吨。

以后开发出喷射吸氨器，设备直径接近管道直径，每个吸氨器只有几十千克，大大降低了设备造价。

（4）自身返碱蒸汽煅烧炉的应用及发展

众所周知，$NaHCO_3$ 煅烧过程需要加入大量返碱，因此煅烧工序都设置有多台返碱运输设备。

20 世纪 60 年代，在新建的冷水江联碱厂中采用了第一台自身返碱蒸汽煅烧炉。这种煅烧炉在炉体外设置了螺旋管，炉尾的纯碱通过螺旋管运至炉头作为返碱。这样省去了炉外的返碱运输设备。不但减少了设备，降低了建设费用，降低了能耗，而且改善了环境。此后，新建的联碱厂大都采用这种煅烧炉，并不断进行改进，使各项指标更为先进。

(5) 外冷式碳酸化塔的开发

20 世纪 80 年代，开发了一种自然循环外冷式碳酸化塔，这种碳酸化塔在塔的外部进行冷却，冷却器可定期切换进行清洗，塔体可连续作业 1 个多月。这种塔还具有吸收效率高、设备结构简单、重量轻等优点。目前已有 40 多台这种自然循环外冷式碳酸化塔在中国联碱厂中使用，最大的单台能力达到日产 300 t 纯碱。

(6) 变换气制碱的开发

为了进一步降低联碱法能耗和减少建设费用，中国制碱专家们于 20 世纪 60 年代又开发出了变换气制碱新流程，这种流程将合成氨生产中的变换气直接送入联碱碳酸化塔，在脱除变换气中由 CO_2 的同时，又生成 $NaHCO_3$。这是中国继侯德榜发明联碱法后又一次在世界上创造出一种新的纯碱生产工艺。变换气制碱将纯碱生产与合成氨生产进一步联合起来。纯碱生产的碳酸化工序同时又是合成氨生产的脱碳工序，它省掉了合成氨生产中的脱 CO_2 工序、联碱生产的 CO_2 压缩工序，同时节省了合成氨脱 CO_2 溶液再生需要消耗的能量，其节能效益和经济效益十分显著。

2000 年，中国成达工程公司与石家庄市联碱厂共同开发出适用于变换气制碱的外冷式碳酸化塔。原变换气制碱流程中为了使出碳酸化系统的尾气达到合成氨生产的要求 ($CO_2 \leqslant 0.2\%$)，采用制碱塔与清洗塔串联作业流程，这样碳酸化系统压力降为 $0.45\sim0.5$ MPa，由于压力降大，回合成氨系统的氢、氮气必须经增压机加压。采用外冷式碳酸化塔后，由于塔的吸收效率提高，出制碱塔的尾气可以达到合成氨的生产要求，因此，不必采用串联流程，碳酸化系统压力降 $\leqslant$ 0.35 MPa，可以不设增压机。这样既缩短了流程，又降低了能耗。外冷式变换气制碱碳酸化塔，由于结构简单，可以使设备大型化，目前最大的塔上部直径 2.8 m，中部直径 4.8 m，下部直径 3.2 m，单塔能力 $250\sim300$ t/d。

目前，变换气中 CO_2 含量为 $17\%\sim28\%$，碳酸化压力为 $1.2\sim2.0$ MPa，碳酸化系统压降为 0.35 MPa，出碳酸化系统氢、氮气中 $CO_2 \leqslant 0.2\%$，$NH_3 \leqslant 0.2$ g/m³，完全符合合成氨的生产要求。重碱结晶粒度增大，$NaHCO_3$ 的平均粒径 >120 μm。显而易见，采用外冷式碳酸化塔后，变换气制碱比一般的联碱法缩短了流程，减少了设备，因而建设投资与运行能耗都显著降低。自从变换气制碱外冷碳酸化塔开发成功后，中国变换气制碱生产能力迅速提高。目前，此法已被国家发改委列为第一批国家重点节能技术推广项目。

总之，中国联碱通过技术进步，提高了原料利用率，降低了能耗，减少了废弃物排放，近而达到零排放，在可持续发展的道路上不断发展、不断进取。

侯德榜是中国化学工业的开拓者，"侯氏碱法"为世界制碱技术开辟出了一条新路，也为世界化学工业的发展指出了方向。让我们踏着老一辈科学家开拓的道路，更断革新、勇往直前。

（三）变换气制碱

变换气制碱的"联碱"，同样是联合生产纯碱和氯化铵。但是，与前面的联合方法不同，变换气制碱是中国首创的另一项制纯碱的新技术，实现了氨碱真正的联合生产。

1964年，中国第一套联合制碱生产装置投入生产，并通过了国家鉴定。与此同时，在国际上也出现了新建的或改建的联合制碱工厂。联合制碱法的出现，打破了氨碱法的传统技术，解决了氨碱法难以克服的缺点，为制碱工业的发展开辟了新的途径，成为世界上工业制碱的重要方法。

上述联合制碱法的 CO_2 原料，是采用合成氨生产装置净化过程中所脱除的高浓度 CO_2。在合成氨生产的原料气净化过程中，须采用包括物理的（如加压水洗法，碳酸丙烯酯法）或化学溶剂的（如改良热钾碱法，MDEA 法）脱除方法，将变换气中的 CO_2 脱除，所富集的高浓度 CO_2，即作为联合制碱的 CO_2 原料。加压水洗法动力消耗大，氢的损失亦大，逐步趋于淘汰。化学法则需有专门的脱碳装置，并消耗一定的能量和化学溶剂。

中国针对上述情况，开发了变换气直接碳酸化制取碳酸氢钠的新工艺。即将合成氨装置的变换气，送至联碱装置的碳酸化塔，在其中脱除变换气中的 CO_2，同时又进行了联碱的碳酸化过程（制取重碱），脱除 CO_2 的气体送回合成氨系统。这样，联碱法的生产不仅利用了合成氨生产中的 NH_3 和 CO_2，以制取纯碱和氯化铵，而且联碱装置的碳酸化工序也是合成氨装置的脱碳工序，两者合而为一，从而使合成氨和纯碱、氯化铵生产实现了"真正"的联合，同时，使合成氨和联碱的工艺流程大为简化。它是中国首创的新技术——变换气制碱。

自1966年2月提出上述流程的试验设想方案开始，1967年1月完成了规模为日产1.5～2.0 t纯碱的中间试验。1971年至1972年，变换气直接碳酸化制取纯碱并同时生产氯化铵的联碱化工厂相继投产。经过不断完善，确定采用1.1 MPa（A）操作压力的变换气制碱流程。

进入20世纪70年代，由于纯碱产量满足不了用碱部门发展之需，当时的燃料化学工业部决定核留部分进口纯碱的外汇，用来发展纯碱生产，利用现有的一批小合成氨厂，建设一批小联碱厂。

燃化部通过核留外汇渠道共布点68个，通过其他渠道布点7个，共计75个，建成了35个。这35个厂中，5个建成后从未开车，7个在开车一个阶段后停产，到 1977 年年底仅剩 23 个，其中 20 个小联碱厂、3 个小氨碱厂。这 20 个小联碱厂中多数厂生产不正常，1977 年仅有 15 个厂生产，共产纯碱 41.65 kt，绝大部分厂亏损。

为使小联碱这个新生事物能够健康成长，从小联碱诞生之日起，各级领导部门、科研设计单位及大型碱厂，都给予热情的关注和大力的支持。1972 年 2 月，燃化部在上海召开了第一次全国小联碱经验交流会。这次会议着重介绍了浦东厂开车的情况，提出了小联碱要"过好连续关、质量关、打好防腐仗"的目标。接着，1972 年 9 月，在连云港召开了第二次全国小联碱经验交流会。1972 年冬和1973 年，燃化部先后派出两个由工程技术人员组成的检查组，到各厂进行调查研究，指导工作。还于 1974 年在郑州、1976 年和 1977 年两次在石家庄召开小联碱的经验交流会，并于 1976 年在广东石岐氮肥厂召开防腐会战协调会。根据上述几次会议的精神分别对浦东、连云港、郑州、石联等小联碱厂组织生产、技术、防腐攻关。

在这个阶段中，根据最早投产的浦东、郑州、连云港等厂的生产实践，以及当时小合成氨的生产规模，提出了小联碱的适宜规模为 10 kt/a，燃化部委托第八设计院进行了 10 kt/a 的小联碱的定型设计，作为建厂参照设计。1973 年 10 月，由侯德榜在家主持召开了审议会（图 5-1），历时 10 天。在这次会议上，侯德榜明确指出："小联碱'过两关、打一仗'是个紧迫任务，尤其是防腐，我们过去有过教训，也积累了一些经验，不能重蹈覆辙。加压碳化压力要在 8 kg/cm²（0.78 MPa）以上。沸腾煅烧有不少优点，但汽耗降不下来，不能推广，可用外热式回转煅烧炉生产纯碱。小联碱应完善工艺，出重碱是没有出路的，重碱不能纳入产量进行统计。"侯德榜的指示对当时小联碱的健康发展有着重要的指导作用。这是侯德榜院士最后一次和大家见面并指导工作。笔者有幸与会，深有感触。

1978 年后国民经济得到恢复和发展。针对当时小联碱普遍存在的"两高两低"（消耗高、成本高、产量低、质量低）的问题，化工部经过 1978 年 4 月北京友谊宾馆会议的酝酿，于 1978 年 6 月的石岐会议上提出了"小联碱过四关"的口号，并明确提出了过四关的指标，即：产量达到设计能力，质量达到国家标准，双产品氨耗降到 400 kg 以下，双产品成本低于 380 元。这次会议以后，各小联碱厂深入扎实地开展了"过四关"活动，生产水平明显提高。1979 年，杭州龙山化工厂率先过了"四关"，化工部于当年的 4 月在杭州召开"小联碱过四关经验交流会"。这次会议从企业管理、生产技术以及设备、厂房的防腐等方面系统地总结了龙山的经验，并进一步提出了"学龙山、过四关"的口号。龙山小联碱的全面过关，极大地鼓舞了各级领导部门和各小联碱厂，刹住了停产下马风，坚定了他们办好小联碱的信心和决心。杭州会议以后，浦东、吉林、柳州、太原等厂也先后过了"四关"。针对这一新的形势，化工部于 1980 年在北京召开的"全国小联碱增产会议"上进一步提出了"整顿提高，合理配套，过好四关，择优改造"的 16 字方针。这次会议后，化工部拨出专项资金，对龙山、石联、浦东、柳州、郑州等十几个厂进行填平补齐和技术改造，稳住了小联碱的阵脚，并进行了巩固。在此期间，小联碱开始参加全国纯碱生产技术年会，并相应地组织厂际竞赛，逐厂落实过四关的措施，使这些厂的管理水平不断提高。

1983 年有 15 个小联碱厂生产，共产纯碱 148.5 kt，为 1977 年的 3.57 倍，共盈利 1 093 万元。

小联碱有了 8 年苦战的经验教训和 6 年攻关所奠定的基础，乘着全国改革开放的强劲东风，适应国民经济发展急需纯碱的形势。在这 5 年中，小联碱得到了迅速的发展，诞生了以新都为代表的第二代小联碱。

为促进纯碱工业的发展，在这个阶段中，国家提高了纯碱价格，调整了设备折旧率，这些政策大大调动了地方和企业发展纯碱生产的积极性。国家还从财政上支持了新都、重庆、淮南、富顺、乐山、荣成、武安、石化、昆山、西安等厂的新建项目和石联、合肥、龙山、连云港、冷水江、嘉兴、湘氮的扩建项目，为小联碱的发展创造了良好的条件。

在第二代小联碱的建设过程中，化工部于 1986 年在杭州召开了"全国在建中小型纯碱厂建设工作座谈会"，于 1987 年在新都召开了"在建中小型碱厂基建、开车和新技术交流会"，于 1988 年在太原召开了"在建中小型碱厂开车情况汇报会"。这三个针对性很强的会议，对第二代小联碱的建设及时提出了要求，人们及时交流了经验和信息，及时发现问题并加以纠正。各级主管部门认真抓好工程设计、建设施工、装置投产的全过程是第二代小联碱的设计先进合理、工程质量较好、投产比较顺利、投产后生产水平较高的重要保证。

1988 年，全国共有 30 个小联碱厂生产，共产纯碱 419 kt，为 1983 年的 2.78 倍，共实现利税 10 303 万元。

小联碱取得的每一个成就，都是与各级政府的领导和关怀分不开的。在建厂时，各级政府积极筹措资金，组织设备，安排"三材"，选配干部，落实原、燃、材料，电力和运输等外部条件。投产后，优先保煤、保电、保盐、保运输。当企业的生产和经营遇到困难时，不少地方制定了扶持政策和优惠政策，帮助企业渡过难关。由于各级政府的重视和支持，许多小联碱已成为所在市县的支柱企业。

小联碱从一开始，就采用了多项大联碱尚未采用的新技术，它的成长过程在很大程度上是一个技术进步过程。小联碱在技术进步方面对纯碱工业做出不少贡献，可以与它为社会提供产品、为国家上缴利税两大贡献相提并论。纯碱工业中不少新工艺、新技术和新设备首先是由小联碱采用的，其中重要的有：变换气制碱、原盐制碱、丙碳脱碳、自身返碱蒸汽煅烧炉、带式过滤机、半Ⅱ洗涤流程和造粒型结晶器、水混法重质纯碱、计算机进行工艺控制，等等。沸腾煅烧炉在小联碱厂提高到了新水平。

具有中国特色的小联碱，走过了几十年的历程，做出了小联碱应有的贡献。回顾纯碱工业发展历史，小联碱也是重要的一部分，既有征程的艰辛，又有奋斗的喜悦，既有成功的经验，又有历史的教训。小联碱将为大联碱走出一条崭新的联合制碱新路。

三、全国纯碱企业

20世纪中叶到20世纪末，在这一时期，纯碱工业得到了大发展，这一时期是纯碱生产厂家最多的时期，这些纯碱厂家几乎分布于所有省、市、自治区（表3-2）。

表3-2 纯碱企业分布

厂名	大化	天碱	青岛	自贡	湖北	大中型厂合计	龙山	吉化	太化	柳化	连云港	株洲
产量/$kt \cdot a^{-1}$	700	510	260	140	137	1747	48	12	20.5	16	26	10.4
类型	氨、联	氨、联	氨	联	联		氨、联	联	联	联	联	联
所属省市区	辽宁	天津市	山东	四川	湖北		浙江	吉林	山西	广西	江苏	湖南

厂名	兴平	东风	焦作	浦东	郑州	合肥	石家庄	石家庄联碱厂	冷水江	山东酒精厂	营口	大布苏	小型厂合计
产量/$kt \cdot a^{-1}$	5	6	18	19.5	11	8.7	5.2	9.4	22	2.7	1.5	2.5	244.4
类型	联	联	氨	联	联	联	联	联	联	联	联	天然碱	
所属省市区	陕西	山东	河南	上海市	河南	安徽	河北	河北	湖南	山东	辽宁	吉林	

1985年，全国有纯碱企业约20家。1993年，全国纯碱企业约70家，名录见表3-3，名称与地址以1993年为准。

表 3-3 全国纯碱企业名录（1993 年）

序号	企业名称	地址
1	大连化学工业公司	大连市甘井子区
2	大化公司碱厂	大连市甘井子区
3	天津碱厂	天津市塘沽区新华路 87 号
4	青岛碱厂	山东省青岛市四流北路 78 号
5	潍坊纯碱厂	山东省寿光县大家洼镇
6	唐山碱厂	河北省唐山市车南县尖坨子
7	连云港碱厂	江苏省连云港市墟沟镇
8	自贡市鸿鹤化工总厂	四川省自贡市鸿鹤坝
9	湖北省化工厂	湖北省应城市东马坊
10	杭州龙山化工厂	浙江省萧山市浦沿镇
11	嘉兴化肥厂	浙江省嘉兴市东棚口
12	良渚化肥总厂	浙江省余杭县良渚镇
13	焦作化工三厂	河南省焦作市民主北路
14	河南金山化工总厂	河南省孟县金山寺
15	郑州化肥厂	河南省郑州市支农路
16	巩义市碱厂	河南省巩义市嵩洛路 1 号
17	吴城盐碱矿	河南省桐柏县吴城
18	石油勘探局天然碱开发公司	河南省桐柏县埠江镇
19	江苏昆山市锦港实业集团公司	江苏省昆山市青阳港朝阳路
20	江苏省华昌集团公司	江苏省张家港市城北路 28 号
21	连云港化肥厂	江苏省连云港市海州东门外
22	石家庄联碱厂	河北省获鹿县中后村北
23	石家庄化肥厂	河北省石家庄市丰收路 2 号
24	武汉制氨厂	湖北省武汉市汉口古田一路
25	应城市联碱厂	湖北省应城市蒲阳大道 49 号
26	武穴市纯碱厂	湖北省武穴市田家镇办事处
27	新都县氮肥厂	四川省新都县新新路 98 号
28	富顺县化肥厂	四川省富顺县邓关镇
29	乐山市天然气化工厂	四川省乐山市五通桥金栗镇
30	重庆氮肥厂	四川省巴县铜贯驿镇
31	广汉化工总厂	四川省广汉市西城路
32	简阳县红塔氮肥厂	四川省简阳县白塔路 135 号
33	峨眉盐化公司纯碱厂	四川省乐山市五通桥建设街
34	冷水江制碱厂	湖南省冷水江市沙塘湾
35	株洲化工集团公司纯碱厂	湖南省株洲市

续表

序号	企业名称	地址
36	湘乡化工厂	湖南省湘乡市南郊
37	国营二七二化工分厂	湖南省衡阳市三号信箱
38	兴平化肥厂	陕西省兴平县兴平车站东
39	西安氮厂	陕西省西安市西郊昆明路
40	南郑县化肥厂	陕西省南郊县回龙寺村
41	合肥化肥厂	安徽省合肥市南郊祈门路
42	皖淮化工厂	安徽省淮南市田家庵东郊
43	荣成市化肥厂	山东省荣成市南山南路 39 号
44	山东东风化肥厂	山东省沂源县城西
45	莱州盐场纯碱厂	山东省莱州市土山镇
46	乌海市化工厂	内蒙古乌海市拉僧庙
47	光华纯碱厂	内蒙古包头市 458 信箱
48	伊克昭盟化工研究所	内蒙古东胜市伊金霍洛西街
49	金昌化工总厂	甘肃省金昌市河西堡镇
50	国营二七九厂	甘肃省兰州市靖远县
51	玉门纯碱厂	甘肃省玉门市
52	旅川化肥厂	辽宁省旅顺口五一路
53	大连金州碱厂	辽宁省大连市金州区登沙河镇
54	太原化肥厂	山西省太原河西晋祠路三段
55	上海浦东化工厂	上海浦东新区上川路 1500 号
56	南方制碱有限公司	广州市天河区天河东路 31 号
57	福州市耀隆工贸公司	福建省福州市东门外化工路
58	柳州化肥厂	广西柳州市北鹊路 64 号
59	江西氮厂	江西省南昌市东郊
60	吉化公司化肥厂	吉林省吉林市龙潭区合肥路 27 号
61	沾益化肥厂	云南省曲靖市花山镇
62	德令哈碱厂	青海省德令哈市
63	新疆哈密碱厂	新疆哈密市新民主路
64	大布苏化工厂	吉林省乾安县大布苏镇
65	吉兰泰碱厂	内蒙古阿拉善左旗吉兰泰镇
66	化工部制碱工业研究所	大连市沙河口区杨树沟
67	中国成达化学工程公司（八院）	四川省成都市人民南路四段
68	化工部第一设计院	天津北仓京津公路 521 号
69	化工部第四设计院	湖北省武汉市武昌黄家湾

1993 年，全国纯碱产能超过 600 万 t，氯化铵产能超过 200 万 t。

第四章　中国纯碱工业的壮大和辉煌

第一节　中国纯碱工业的壮大

一、技术进步

技术进步是中国纯碱工业发展中始终坚定不移的目标，是中国纯碱工业发展的精华。中国纯碱工业在 20 世纪的发展过程中，技术进步取得了巨大成就，纯碱工业技术入选中国 20 世纪重大工程技术成就，与"两弹一星"、汉字信息处理等 25 项重大工程技术成就并驾齐驱。经中国科学院和中国工程院院士及专家评选，入选的工程技术内容概括为三大部分。

1. 中国纯碱工业的崛起

1917 年，爱国实业家范旭东在天津塘沽筹建永利制碱公司。1921 年，聘请留美博士侯德榜回国主持技术工作。当时氨碱法制碱技术被外国垄断，范、侯二人在既没有技术资料，又没有专家指导的情况下艰苦创业，历时 8 年，终于掌握了纯碱制造技术。1926 年连续稳定地生产出合格产品，碳酸钠含量达 99％以上，色泽洁白，故取名"纯碱"以区别"洋碱"。永利生产的"红三角"牌纯碱在 1926 年美国费城世界博览会和 1930 年比利时工商国际博览会均获得奖章，自此我国的纯碱畅销国内，远销日本和东南亚。1933 年，侯德榜将他的经验和成果写成英文专著 *Manufacture of Soda*（即《纯碱制造》），由美国化学会出版。这是世界上第一部有关氨碱法制纯碱的国际学术界公认的权威巨著，被译成多种文字出版。

2. 侯氏制碱法的诞生

1937 年，抗日战争全面爆发，永利公司西迁，但四川的井盐比海盐贵 10 多倍，氨碱法盐的利用率仅 70%，很不经济。侯德榜本欲引入德国的蔡安制碱法，但面对对方的苛刻条件，他愤然终止谈判，决心自力更生，自行开发新的工艺技术。1941 年，侯德榜经过 3 年努力，新法制碱试验终于取得成功，取名为"侯氏碱法"。该法可得到纯碱和氯化铵两种产品，克服了氨碱法和蔡安法的缺点。其优点是既利用了氨厂的废气二氧化碳，又利用了碱厂废弃的氯离子；使盐的利用率提高到 90%以上，避免了氨碱法排放大量废液和废渣对环境的污染。"侯氏碱法"流程短、设备少，与氨碱法相比，不需要煅烧石灰石、氨回收等工序，设备投资减少三分之一，纯碱生产成本降低 40%。"侯氏碱法"为中华民族争得了荣誉，将世界制碱技术推到了新的水平。1943 年，英国皇家化学会授予侯德榜先生名誉会员称号。1949 年，中国政府以京工（38）字第 1056 号通知核准"侯氏碱法"专利 10 年。1953 年，中央工商管理局给"侯氏碱法"颁发了发明证书。侯氏制碱法成为中国工程技术的一块丰碑。

3. 纯碱技术新进展

1962 年，第一套新法制碱装置建成投产。1964 年，通过国家科委鉴定，定名联合制碱法（联碱法）。此后陆续开发的联碱循环系统无切断阀冷析结晶器、喷射吸氨、满液位液氨直接蒸发外冷器、自身返碱蒸汽煅烧炉、自然循环外冷式碳化塔等技术都处于国际领先水平。

为了进一步降低联碱法能耗和建设费用，1970 年，我国又自主研发出变换气制碱新流程，把纯碱与合成氨生产紧密联合起来，省掉了合成氨脱碳工序和联碱的二氧化碳压缩工序，节能效果和经济效益十分显著。1999 年，进一步开发出外冷式变换气制碱碳化塔，使出气二氧化碳含量达到 0.2%，连续作业时间提高到 60 天，不设清洗塔，进一步降低了能耗，提高了重碱结晶平均粒度。新型变换气制碱碳酸化塔的主要技术指标处于世界领先水平，获得国家科技进步二等奖。

二、产能扩大

到 20 世纪末，中国纯碱工业已经发展壮大。2000 年，纯碱生产能力已达 900 万 t，产量达到 870 万 t，是 1949 年产量的 100 倍，居世界第二位。国内消耗 680 万 t，出口 110 万 t。历年纯碱及氯化铵产量表见表 4-1。

表 4-1　历年纯碱及氯化铵产量表　　　　　　　单位：t

年份	产量		年份	产量	
	纯碱	氯化铵		纯碱	氯化铵
1949	88 000		1952	192 000	
1950	160 000		1953	223 000	239
1951	185 000		1954	309 000	506

续表

年份	产量		年份	产量	
	纯碱	氯化铵		纯碱	氯化铵
1955	405 000	958	1978	1 329 000	450 000
1956	476 000	2 353	1979	1 486 000	516 000
1957	506 000	1 702	1980	1 613 000	612 000
1958	647 000	2 865	1981	1 652 000	615 000
1959	808 000	5 019	1982	1 735 000	714 000
1960	815 000	5 046	1983	1 793 000	807 000
1961	486 000	741	1984	1 880 000	877 000
1962	519 000	2 543	1985	2 110 000	890 000
1963	664 000	17 894	1986	2 144 000	956 000
1964	695 000	74 621	1987	2 356 000	1 126 000
1965	882 000	141 227	1988	2 619 000	1 370 000
1966	1 066 000	200 124	1989	3 029 200	1 543 000
1967	915 000	118 782	1990	3 792 700	1 673 000
1968	701 000	89 396	1991	3 936 800	1 684 000
1969	894 000	149 298	1992	4 549 700	1 833 000
1970	1 077 000	176 000	1993	5 288 100	2 116 000
1971	1 155 000	221 000	1994	5 776 500	2 268 000
1972	1 197 000	253 000	1995	5 820 000	2 226 000
1973	1 204 000	332 000	1996	6 643 000	2 584 000
1974	1 106 000	265 000	1997	71 500 000	2 710 000
1975	1 243 000	303 000	1998	72 391 000	2 581 600
1976	1 117 000	334 000	1999	70 000 000	2 500 000
1977	1 077 000	306 000	2000	82 600 000	2 700 000

2000 年，全国拥有纯碱生产厂 45 家，其中大中型 12 家，其他生产厂 33 家，其中包括氨碱厂和联碱厂及天然碱加工厂等，其产量及分布见表 4-2 和表 4-3。

表 4-2　各种方法生产的纯碱产量

方法	产量/kt	比例/%
氨碱法	4 790	55
联碱法	3 440	39
天然碱法	540	6

表 4 - 3　2000 年中国大中型碱厂的生产能力及生产方法

	公司	地址	能力/kt·a⁻¹	生产方法
1	大连化学公司	辽宁大连	800	联碱/氨碱法
2	唐山三友碱厂	河北唐山	850	氨碱（索尔维法）
3	天津碱厂	天津	700	联碱/氨碱法
4	山东潍坊海洋化工集团	山东潍坊	850	氨碱法
5	青岛碱厂	山东青岛	600	氨碱法
6	连云港碱厂	江苏连云港	800	氨碱法
7	湖北双环	湖北应城	600	联碱/氨碱法
8	自贡鸿鹤	四川自贡	340	联碱/氨碱法
9	广东南方碱厂	广东广州	250	氨碱法
10	吉兰泰碱厂	内蒙古吉兰泰	250	氨碱法
11	苏尼特碱矿	内蒙古查干诺尔	200	天然碱
12	安棚碱矿	河南安棚	200	天然碱
	合计		6 440	

第二节　稳步增长，走向辉煌

一、产能实力

1. 产能跃居世界之首

进入 21 世纪，中国纯碱工业由壮大走向辉煌。纯碱产量增幅见图 4 - 1。

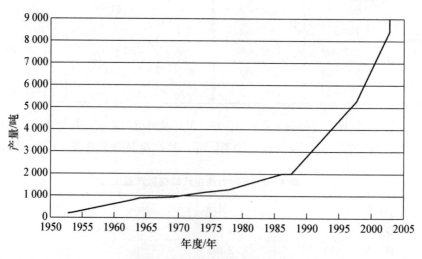

图 4 - 1　中国纯碱产量增幅

2003 年，我国纯碱产量达到 1 128 万 t，居世界首位。2005 年，我国纯碱生产企业达 48 家，纯碱生产能力约为 1 600 万 t/a，其中氨碱法生产能力为 810 万 t/a，占总能力的 51.9%；联碱法生产能力为 661 万 t/a，占总能力的 42.3%；天然碱加工生产能力为 89 万 t/a，占总生产能力的 5.7%。其实际生产情况见表 4-4 和表 4-5。

表 4-4　2005 年中国纯碱生产情况

年份	产量	
	纯碱（其中重质纯碱）	氯化铵（其中工业氯化铵）
2004 年产量/万 t	1 250.0（385.0）	520.0（16.5）
2005 年产量/万 t	1 560.0（476.0）	599.0（16.9）
2005 年比 2004 年增长/%	24.8（23.6）	15.2（2.4）

表 4-5　2005 年中国纯碱产量前 15 名企业

排序	企业名称	2004 年产量/t	2005 年产量/t	2005 年比 2004 年增长/%
1	山东海化股份有限公司	1 630 865	1 906 809	16.9
2	唐山三友碱业（集团）有限公司	1 392 899	1 501 156	7.8
3	连云港碱厂	930 688	1 000 436	7.5
4	天津碱厂	870 226	868 687	−1.2
5	大化集团有限责任公司	796 084	743 199	−6.6
6	青岛碱业股份有限公司	608 990	624 706	2.6
7	湖北双环科技股份有限公司	607 808	611 283	0.6
8	内蒙古远兴天然碱股份有限公司	448 599	527 246	17.5
9	自贡鸿鹤化工（集团）有限责任公司	398 015	426 582	7.2
10	昆山锦港实业集团公司	364 753	400 201	9.7
11	江苏德邦化学工业集团有限公司	347 466	369 321	6.3
12	河南金山化工有限责任公司	278 299	318 105	14.3
13	内蒙古吉兰泰碱业有限责任公司	315 246	314 903	−0.1
14	广东南方制碱有限公司	290 763	297 127	2.2
15	江苏华昌集团有限公司	261 539	266 407	1.9

2. 稳步增长

2006 年纯碱产量排行如下所示：

1）山东海化股份有限公司（204.99 万 t）；

2）唐山三友集团有限公司（162.87 万 t）；

3）南化有限公司连云港碱厂（106.09万t）；

4）天津碱厂（88.37万t）；

5）青岛碱业股份有限公司（63.95万t）；

6）青海碱业有限公司（61.54万t）；

7）湖北双环科技股份公司（52.20万t）；

8）河南金山化工有限公司（48.55万t）；

9）大连化工股份有限公司（47.35万t）；

10）昆山锦港实业集团公司（44.79万t）。

2006年氯化铵产量排行如下所示：

1）湖北双环科技股份公司（54.34万t）；

2）河南金山化工有限公司（53.94万t）；

3）昆山锦港实业集团公司（50.35万t）；

4）江苏德邦兴华化工股份有限公司（47.93万t）；

5）自贡鸿鹤化工（集团）公司（45.16万t）；

6）淮安华尔润化工有限公司（28.64万t）；

7）石家庄双联化工集团公司（28.39万t）；

8）江苏华昌集团公司（28.20万t）；

9）天津碱厂（26.31万t）；

10）山西丰喜纯碱有限公司（19.41万t）。

2008年纯碱产量排行如下所示：

1）山东海化股份有限公司（214.19万t）；

2）唐山三友集团有限公司（187.41万t）；

3）南化集团连云港碱厂（116.23万t）；

4）青海碱业有限公司（105.01万t）；

5）天津碱厂（90.64万t）；

6）河南金山化工集团（81.56万t）；

7）青岛碱业股份有限公司（72.03万t）；

8）桐柏安棚碱矿有限公司（66.23万t）；

9）重庆宜化化工有限公司（63.96万t）；

10）湖北双环科技股份有限公司（58.68万t）。

2008年氯化铵产量排行如下所示：

1）河南金山化工有限公司（90.07万t）；

2）重庆宜化化工有限公司（67.16万t）；

3）湖北双环科技股份有限公司（61.54万t）；

4）江苏德邦兴华化工股份有限公司（60.22 万 t）；

5）江苏华昌化工股份有限公司（56.41 万 t）；

6）昆山锦港实业集团公司（50.63 万 t）；

7）昊华西南化工有限责任公司（46.73 万 t）；

8）淮安华尔润化工有限公司（39.78 万 t）；

9）石家庄双联化工有限责任公司（35.28 万 t）；

10）天津碱厂（26.00 万 t）。

2010 年，我国纯碱产量已达 20 211 565 t，其中重质纯碱 8 215 117 t，氯化铵 9 490 795 t，（其中干铵 4 804 174 t）。两类产品产量稳居世界首位。当时世界纯碱产量为 4 600 万 t，中国占 43.9%。

二、技术进步

纯碱行业在步入 21 世纪以后，由大、中、小企业并举逐渐走向了大型化生产，成为以大型企业为主的行业，而且始终重视技术进步。技术进步和大型化生产是中国纯碱工业走向辉煌的重要标志和特点。我国纯碱工业不仅在产品产量、质量方面居世界首位，在技术经济指标方面也进入先进行列，各项消耗总体保持下降的趋势，2005 年主要消耗情况见表 4-6 和表 4-7。

表 4-6　2005 年氨碱法生产纯碱消耗情况

项目	氨耗/kg	盐耗/kg	能耗/MJ
2004 年	5.0	1 471	13 348
2005 年	4.8	1 436	12 389
2005 年与 2004 年相比增量	−0.2	−35	−959
企业最好指标	3.5	1 408	—

表 4-7　2005 年联碱法生产纯碱消耗情况

项目	双吨氨耗/kg	双吨盐耗/kg	双吨能耗/MJ
2004 年	366	1 180	10 271
2005 年	368	1 174	9 468
2005 年与 2004 年相比增量	2	−6	803
企业最好指标	343	1 120	7 371

在纯碱生产技术水平和装备水平方面，我国取得了长足进步并已跻身世界先进行列。在纯碱生产中的各主要过程中，均有重大技术改进，介绍如下。

1. 碳酸化过程及设备

碳酸化塔内兼有化学反应、传热、传质、结晶等多种过程，是具有气、液、固三相的复杂体系。传统的索尔维碳酸化塔已有 100 多年的历史，随着科学技术的现代化及新材料、新技术的出现,我国的制碱工作者也向传统的碳酸化塔提出了挑战,发明了新型碳酸化塔。

(1) 大型异径笠帽碳酸化塔

塔体上段及冷却段为 $\phi 3\,000$,中部结晶生成段为 $\phi 3\,400$,以利于结晶生长。该塔具有以下优点:生产能力大,单塔能力氨碱法为 230 t/d,联碱法为 175 t/d;制碱周期长,氨碱法为 72 h,联碱法为 48 h;冷却效率高;转化率高,氨碱法转化率为 75%;结晶质量好,沉降时间一般为 130~200 s。目前许多大中型氨碱厂及联碱厂已采用这种碳化塔。

(2) 筛板碳化塔

筛板塔的特点是:生产能力大,单塔最大能力可达 310 t/d;塔中温高、结晶质量好,中部温度比索尔维塔高 3~5 ℃;容易清洗;操作弹性好。采用氨碱法可连续生产,设备多、流程长,生产中易出现波动。筛板塔抗波动性强,现已在山东海化、青岛碱厂使用,自贡鸿化集团的联碱厂已成功开发设计了联碱行业的第一台筛板塔(2003 年 7 月投入运行)。

(3) 外冷碳酸化塔

20 世纪 70 年代,国外曾开发过外冷碳酸化塔,但未见工业化报道。1979年,化工部第八设计院(现中国成达工程公司)与自贡鸿鹤化工总厂决定联合开发在联碱生产中使用的外冷式碳酸化塔,并经化工部批准立项,历经 10 年,解决了多项技术课题,取得了中国发明专利证书。

该塔具有设备结构简单、投资少、可连续长周期运转、生产能力大、结晶质量好、吸收率高等优点,适用于联碱厂。

该塔针对变换气制碱节能效果显著,但因长期受碳酸化塔结构的制约,影响了其发展。1997 年,中国成达化学工程公司与石家庄联碱厂共同开发变换气制碱外冷塔。在 1999 年 3 月试车成功,于 2000 年获得专利证书。外冷碳酸化塔已在 10 多家联碱厂得到应用。

在上述工作的基础上,2002 年,中国成达化学工程公司与唐山三友化工公司共同开发氨碱外冷碳酸化塔。开发的目的是:进一步实现碳化设备大型化、缩短碳酸化塔制造周期、减轻设备重量、用不锈钢制作碳酸化塔而造价不增加、降低产品铁分、提高 CO_2 利用率等。

(4) 不冷碳酸化塔

环流式碳酸化塔又称为不冷碳酸化塔,是大连化工研究设计院的专利技术。通过在赤峰化工总厂的生产试验中得出如下结论:生产的重碱结晶粒度大,塔的生产能力大,设备结构简单、造价低,作业周期长,操作简单。该塔适合于联碱工艺。

2. 滤过过程及设备

滤过工序的操作质量、工艺指标的优劣，影响着纯碱工艺的多项消耗指标的水平，影响着制造成本的高低，影响着产品质量的好坏。

(1) 滤碱洗水添加助滤剂

为此开发了应用喷嘴及册式滤碱机强化滤碱机洗水系统等。由大连化工研究设计院研制开发的系列 ZL 助滤剂，专用于纯碱制造过程的重碱滤过，已在 10 多家纯碱厂得到应用，现已由单一品种发展为适合不同纯碱生产厂操作工况的系列产品。经不断改进，该产品及其应用技术已实现更新换代，可实现降低水分 3%，提高烧成率 2%，节省洗水量大于 100 kg/t 碱，对纯碱成品无不良影响，得到用户好评。

(2) 用离心机二次过滤重碱

为了降低重碱的水分和盐分，提高产品质量，节约能源，提高煅烧炉能力，青岛碱厂、山东海化碱厂分别引进 P-100/3 型推料式离心机，将真空过滤机过滤洗涤后的湿重碱直接用离心机进行二次分离。在不加洗水的条件下，产量为 25~28 t/h（干重碱）时分离后水分降到 13.5%左右，盐分比分离前降低 0.03%~0.04%。

唐山碱厂引进 SHS 1002/1090ZK 型双级柱锥式离心机，对真空过滤后的重碱进行二次分离。在不加洗水的条件下，分离后重碱水分降到 12.3%，盐分比分离前降低 0.11%。

2004 年，连云港碱厂引进德国克劳斯玛菲公司（KRAUSS-MAFFEI）的 SZ 1000/2 型推料式离心机用于重碱二次过滤。纯碱含盐分从原来的低于 0.5%达到低于 0.3%，出料滤饼含水量低于 13%。

(3) 喷嘴在滤碱机洗水系统上的应用

青岛碱厂根据本厂洗水消耗当量及滤过设备的特点，经过多次、多品种的喷嘴试验和改进，确定了喷嘴的流体结构，使洗水得到了很好的雾化；改变了纯碱行业滤碱机的传统洗水淋洒方法，解决了由于洗水分布不均匀而引起的局部盐分变化大、对产品质量的稳定性造成影响及洗水利用率低的问题。经查定，滤碱机上重碱盐分的合格率由改造前的 68%提高到了 81.5%，每年可节约自来水 54.7 kt。该产品降低了母液处理量，减少了生产成本，取得了良好的经济效益。

(4) 真空转鼓滤碱机

多年来，我国一直采用真空转鼓滤碱机滤过重碱。由成都天宝公司生产的真空转鼓滤碱机已推出了高性能的第三代产品。该产品已在全国 40 多家企业使用，并远销国外。该产品主体材料坚持采用超低碳不锈钢，在喷淋装置、压辊结构、搅拌装置、分配头、错气盘等部位进行了改进。

（5）带式滤碱机

于 2004 年建成投产的河南新乡中新化工有限责任公司，选用了核工业烟台同兴实业有限公司的 DLJ 带式滤碱机滤过重碱，打破了我国纯碱行业真空转鼓滤碱机滤过重碱一统天下的局面。

3. 煅烧过程及设备

在纯碱生产中，重碱的煅烧技术一直是制碱行业的主要研究课题，因为煅烧炉的运行工况直接影响产品的质量，其能耗的高低又影响着经济效益。国内外碱厂的重碱煅烧工序均采用蒸汽煅烧技术，蒸汽煅烧技术又分为外返碱煅烧炉和自身返碱煅烧炉。

（1）$\phi 3$ m×30 m 外返碱煅烧炉

技术领先的 $\phi 3$ m×30 m 外返碱煅烧炉是大化集团在吸收国内外同类产品的先进经验基础上研制出来的，适用于大中型碱厂。该炉设计新颖、结构合理，其进气轴、炉内加热管、大齿轮与炉体的连接以及大滚圈的设计，均有创新，特别是其密封装置，结构巧妙，效果良好。国内大中型碱厂（如连云港碱厂、湖北双环、青海碱业等厂家）多数采用外返碱蒸汽煅烧炉，该炉同时远销国外。

（2）自身返碱煅烧炉

小型联碱厂大多采用自身返碱蒸汽煅烧炉。近年来自身返碱蒸汽煅烧炉在技术上有了较大的改进：使用返碱连续进炉结构；炉头设预混段；改进了炉体密封结构、进汽装置、排水装置等，使技术经济指标有了显著的提高。经过长期运行表明：自身返碱蒸汽煅烧炉将煅烧、运碱、预混三者合为一体，具有流程短、设备少、动力省的优点，可以节省投资，简化操作；运行平稳，运转周期在半年多，为取消备用设备创造了条件；技术经济指标较好，炉气 CO_2 浓度高于 90%，纯碱烧失量平均为 0.247%，蒸汽消耗量为 1 363 kg/t 碱；工作环境好。

近几年，该炉除在杭州龙山等小碱厂得到应用外，还在新疆哈密碱厂、吉兰泰碱厂、南方碱厂等中型氨碱厂中使用，并取得了较好的效果。

4. 重质纯碱生产技术

随着科学技术的进步和各工业领域的发展，基本化工品纯碱也相应地发生了较大的变化，加快发展低盐重质纯碱已成为纯碱行业的一项重要任务。

（1）液相水合法

在由天津碱厂开发设计的液相水合法生产重质纯碱的生产过程中，中间产品一水碳酸钠的质量直接影响着重质纯碱的质量，其关键设备是水合结晶器。在多年生产实践的基础上，该厂将搅拌机改为带导流筒的双层螺旋桨式，改造后设备运转可靠，生产能力提高，操作弹性大。

该技术的特点是：产品粒度均匀、粗大；产品中 NaCl 含量低，并可以控制。

但工艺流程较长，在生产过程中需排出一定量的含 NaCl 的母液，同时带走部分 Na_2CO_3，增加了碱耗。因此该技术适用于有处理含碱母液出路、对产品质量有特殊要求的企业。

当前进一步开发液相水合法生产优质低盐重质纯碱的重点是：完善液相水合法制低盐重质纯碱的工业化研究、液相水合结晶器结构的研制及高盐母液综合利用的探索。

（2）固相、改良固相水合法

以大连化工研究院为主联合开发的固相及改良的固相水合法重质纯碱生产技术，已在多家企业看到应用。

目前，我国纯碱行业的固相水合法生产重质纯碱的企业，根据自身的特点采用了各种干燥设备，如青岛碱厂的流化床，山东海化、湖北双环的沸腾床，唐山三友、湖北双环的回转炉等。

在固相水合法生产重质纯碱的过程中，增设分离性能较好的离心机可分离掉一水碱中的部分游离水，同时带走部分溶解于游离水中的 NaCl，使成品重质碱的含盐量降低。必要时还可在离心分离的过程中加少量洗水或在分离前增设一个洗涤罐以进一步降低产品中的盐分。这就是改良固相水合法，该方法过程简单，产品盐分可降到 $0.3\% \sim 0.4\%$。

（3）挤压法

挤压法生产重质纯碱与前面讲述的液相水合法及固相水合法均不相同，它是纯物理的方法，生产过程中无化学反应发生。现在自贡鸿鹤及唐山三友都有该方法的重质纯碱生产。

挤压法是机械制取重质纯碱，利用轻质纯碱较高的空隙率，在外力的作用下颗粒发生位移并重新排列，空隙减小使堆积密度增加，而颗粒也具有更大的抗碎耐磨特性，但并不改变轻质纯碱本身的化学组成。该法过程简单，设备小型，布置紧凑，操作简单，管理方便，制得的成品颗粒均匀、强度高、耐磨损，可根据用户要求调整粒度，具有投资少、能耗低的优点；缺点是无法改变轻灰的成分，只能用低盐轻灰制低盐重质纯碱，并且只适用在重质纯碱生产过程中不需要脱盐的场合。

5. 生产过程控制

除上述过程及设备的更新、换代外，我国纯碱行业在生产过程自动控制方面也有长足发展。进入 21 世纪后，纯碱行业的生产控制已由单一的仪表自控，普遍实现了 DCS 系统控制。到 2005 年，随着信息技术的迅速发展，纯碱行业对现有生产工艺过程控制系统的可靠性、运算能力、扩展能力、开放性、操作及监控水平等方面提出了越来越高的要求。传统的 DCS 系统已经不能满足过程自动化控制的设计标准和要求。各生产厂均不断更新生产过程中的各控制系统，尤其是大型纯碱生产企业和设计、研究单位，如山东海化纯碱厂，采用了 SIMATIC PCS7 系统控制。

山东海化纯碱厂的新系统从设计到施工制定了高的起点，对过程自动化控制系统提出了更高的要求——全集成自动化控制方案，经过有关专家反复论证，最终采用了功能强大、新一代过程自动化控制系统——PCS7。

西门子 PCS7 的特点充分体现在新项目中，全集成自动化解决方案从根本上解决了老系统存在的弊端，为 60 万 t/a 纯碱工程顺利投产、达产、达效奠定了坚实的基础。

SIMATIC PCS7 是西门子公司在 TELEPERM 系列集散系统和 S5、S7 系列可编程控制器的基础上，结合最先进的电子制造技术、网络通信技术、图形及图像处理技术、现场总线技术、计算机技术和先进自动化控制理论以及面向所有过程控制应用场合的先进过程控制理论研发出来的。

全集成自动化解决方案就是用一种系统或者一个自动化平台完成原来由多种系统搭配起来才能完成的所有功能的方案。应用这种解决方案，可以大大简化系统的结构，减少大量接口部件。应用全集成自动化解决方案可克服上位机和工业控制器之间、连接控制和逻辑控制之间的界限。全集成自动化解决方案还可以为所有的自动化应用提供统一的技术环境，基于这种环境，各种各样不同的技术可以在一个用户接口下，集成于一个有全局数据库的总体系中。工程技术人员可以在一个平台下对所有应用进行组态和编程。由于应用一个组态平台，工程变得简单，培训费用也大大降低。SIMATIC PCS7 过程系统就是在这种形式下开发的、迎合需求的新一代过程控制系统。

PCS7 在海化成功应用，正是海化人充分利用老厂 DCS 控制系统成功经验，克服不足，利用老厂成熟的工艺，最终与西门子的先进技术 PCS7 有机地结合在一起。

（1）全新的电气自动化控制

老厂电气控制方式采用传统的控制方式：现场就地、远方控制，只有部分运转设备采用自动控制；工段内部电气连锁基本上采用传统的连锁方式，通过电气元件、电缆硬连接；车间与车间、工段与工段之间由于采用不同 DCS 分散控制，电气连锁烦琐、复杂，DCS 控制系统之间通信困难，故障率高，运行、检修工作相当困难；对于运转设备运行监视与操作，老厂操作人员只能对部分运转设备监视运行状态，无法了解其他运转设备运行情况，增加了操作人员的工作量，增加了设备的事故率。老厂电气控制表现出许多弊病，无法确保生产长周期、安全、稳定地运行，现正在向集中控制改造。

60万 t/a 纯碱工程应用西门子 PCS7 过程自动化控制系统，圆满解决了老系统存在的弊病。新厂所有运转设备全部利用 DCS 控制系统，电气控制方式均采用自动控制；车间与车间、工段与工段之间、工段内部都采用自动连锁，只需要组态完成，连锁随机，任意完成，PCS7 控制系统之间可以直接通信，不需要任何硬连接，只通过光纤环网实现；主操作可以在中控室进行，可监视运转设备运行状态，这样可以大大减少操作人员的工作量，降低了设备的事故率。新厂电气控制真正为生产长周期、安全、稳定地运行提供了电气保证。

（2）高速的信息传递

PROFIBUS 现场总线是世界上应用最广泛的现场总线技术，主要包括最高波特率可达 12 M 的高速总线 PROFIBUS-DP（H2）和用于过程控制的本安型低速总线 PROFIBUS-PA（H1）。DP 和 PA 的完美结合使得现场总线在结构和性能上优于其他现场总线。PROFIBUS 既适合于自动化系统与现场信号单元的通信，也可用于可直接连接带有接口的变送器、执行器、传动装置和其他现场仪表及设备，对现场信号进行采集和监控，并且用一对双绞线替代了传统的大量的传输电缆，节省了电缆的费用。据统计，使用 PROFIBUS 可以使工程总造价降低 20%～40%。

（3）丰富的人机界面

SIMATIC WinCC 工控软件的应用为操作员提供了监控与操作的便捷性。SIMATIC PCS7 过程控制系统的操作员站是过程控制的窗口，所有的操作和管理人员及维护工程师都能够在标准、友好和面向工艺的窗口上跟踪过程活动或参与生产控制，同时得到报警和操作员提示。

在 60 万 t 新项目运行过程中，可多次与工艺工程师论证、沟通，做出完美操作画面，完美监控与操作，并在试车过程中多次修改、整理，最终调试成功，真正体现 WinCC 工控软件功能的强大。

显示画面多样性更好地实现了对生产过程的操作和监控。新项目不仅在中央主控制室集中显示、操作，而且现场操作站也有同样的显示、操作，只不过操作权限不同，这样现场操作员与主操作员协调统一，共同完成操作程序。

（4）TP 分析数据应用

老厂的传统做法是各工序分析化验室通过每班次对生产过程中间物料化验分析，再把化验结果通过电话传递给调度员，调度员根据化验结果电话通知各工序主操作员调整运行参数，最终实现稳定生产。这种做法不仅程序烦琐，而且时间滞后，甚至影响生产稳定。

TP 分析数据是西门子系统独有的，各分析化验室通过分析面板即时将分析数据输入系统中，PCS7 过程控制系统通过转换把最新化验结果即时传递给调度员、主操作员，调度员与主操作员在一个中央控制室，通过简单沟通，即时调整生产参数，大大加快了信息传递的速度，真正做到了即时调整，确保了生产的稳定性，实现了稳产高产。

（5）石灰上配料电气自动化控制系统的应用

石灰车间上配料系统是电气控制的难点，老厂石灰车间上配料系统采用传统的 DCS 系统与西门子称重系统通过接口及相关软件完成，需要大量参数转换、硬件连接，安装、调试，给运行带来诸多不便，且运行速度较慢，给生产带来一定困难。

西门子 PCS7 过程自动化控制系统完美地解决了存在多年的困难，在一个系统内部通过应用软件完成上述功能。上料系统通过顺控及连锁程序完成，配料系统通过西门子称重模块固化程序与上料系统相结合，通过简单连锁实现上配料系统自动化，通过反复测试，又经过生产过程中的调整、完善，最终实现了石灰车间上配料系统的全程自动化，不仅精度高，而且速度快、稳定性好，既保证了生产的可靠性，又降低了生产成本。

（6）强大的报警功能给组态、调试、运行带来了极大的便利

SIMATIC PCS7 过程控制系统的报警信号发出功能支持操作员对偶然发生的事件进行处理。这些事件产生于生产过程或 I&C 中的不正常的、不常发生的或不希望发生的状态，发生时将报告给操作员。除了这些事件，操作员的介入也完全加入到了报警概念中，可以被归入当前的报警表和档案中。

报警功能强大，给新项目组态、调试、运行带来了极大的便利，加快了调试速度，为操作人员解决了大量生产问题。

（7）报表（记录）和存储功能便于统计数据

操作员站提供了一套集成的报表系统，数据库里的所有过程点都可以打印输出。它可以把在过程中录入的数据按以下方式输出，输出的页面格式是自由的、用户自定义的。

除了打印到打印纸，还可以打印输出到文件及在屏幕上打印预览。可以定义打印任务按小时、天、星期及月报表形式循环输出。报表输出可按时间顺序触发、事件触发或操作触发。

信息顺序记录可以将输入的信息立即打印输出到预先定义好的打印机上，逐行打印。

信息存档可以分成短期存档和长期存档。短期存档最多可存储 10 000 条信息，存档信息达到 10 000 条时，新来的信息首先覆盖最老的信息。长期存档可作为短期存档的延续，通常被置于硬盘或软盘上，只受磁盘空间大小的限制。

操作员站借助 Wizard（向导程度）及 AS 控制站的功能，可以轻松地实现操

作记录。

　　操作员站通过标签管理器可以通过周期地或事件触发地记录测量值。用户不仅可以记录外部测量值，还可以记录内部标签值或来自任何应用的值以及手动输入的值。数据被存储在硬盘的存档测量值中，采样周期的范围在 500 ms 到 1 年之间。为了快速地获得这些测量值，系统在内存中提供了一个循环的缓冲区来管理这些数据（在线曲线）。

　　（8）全面开放的操作与监控系统为纯碱厂管理层提供了方便

　　OPC（应用于过程控制的 OLE）的引入保证了操作与监控系统的开放性。OPC 促进了控制系统、操作员控制和过程监控系统、现场设备和办公室应用之间的相互作用。正如 OLE 已为 Windows 在办公室领域的应用做出贡献一样，OPC 正在为自动化领域做着同样的工作，它意味着有关接口问题的所有难点将迎刃而解。

　　OPC 为自动化系统部件提供"即插即用"功能。这样，人们在应用 WinCC 配置系统时就能将精力集中于拟订当前的实际解决方案。这些标准化通信接口确实能节省昂贵的人工费用。其他类型的用户程序也具有同样的能力与操作员站相连。PCS7 的操作与监控系统可以没有任何妨碍地结合到任何工厂或公司范围的管理层中。

　　（9）新系统 DCS 控制的提高及推广

　　海化纯碱厂新系统正在借用西门子 PCS7 过程自动化控制系统的优良特性，将整个生产的主要操作人员集中到一起，实行生产集中控制。经过投料试车，半年的生产摸索、实践，人们逐步认识到了新系统在生产过程控制、过程管理上的优越性、先进性。

　　西门子 PCS7 过程自动化控制系统优势：

　　1）突出了过程控制系统的发展方向；

　　2）PCS7 具备新一代过程控制系统的功能；

　　3）功能强大。

　　60 万 t/a 纯碱工程项目控制系统的总控制点数达 10 000 点，电气 7 000 点，仪表 3 000 点，是西门子公司在国内做到的最大的项目之一。

　　西门子 PCS7 过程自动化控制系统具有广泛的推广价值。通过实践，人们感受到西门子 PCS7 过程控制系统的先进性、优越性，主要体现在以下几点：

　　1）生产命令执行的快速性；

　　2）生产信息管理的集中性；

　　3）生产过程管理的先进性。

　　在新项目的设计中，各工序较多地加入了自动调节装置，PCS7 过程自动化控制系统的应用，使操作工的劳动强度大大减轻，操作人员数量可大幅度精简；同时纯碱生产系统的调控得到优化，各项参数、指标得到优化；即使生产短时间出现偏离，也能在 PCS7"指导"下很快得到恢复，从而达到节能降耗、稳定、连续生产的目的，这也是提高市场竞争力的基础条件。

鉴于西门子 PCS7 过程控制系统的先进性、优越性，不仅可以在纯碱行业推广它，而且可望在其他各种行业进行应用。

又如连云港碱厂，该厂在 DCS 控制系统中又引入了自适应控制。

连云港碱厂采用的是以氨碱法生产纯碱、年产 100 万 t 的过程装置，原设计过程控制主要由电动Ⅲ型仪表构成。近年来，随着微电子技术和信息技术的高速发展，该厂自 2000 年以来相继对热电、重碱、石灰、煅烧、压缩五个主要工序的仪表实施了 DCS 化，使生产装置基本实现了生产过程最佳化、系统控制智能化、操作性能柔性化。

为实现生产过程最优化、系统控制智能化，在主要工序中影响产品质量的关键参数控制上引入了新型控制系统——自适应控制。例如：锅炉水位控制、热负荷控制、碳酸化塔反应温度及转化率控制、重灰水合机水碱比值控制等。由于这些生产过程动态特性不断变化，存在大量的扰动因素，不能确切地描述其变化规律，采用普通的反馈控制很难达到预期的工艺指标。为此，在 DCS 系统组态中引入自适应控制模式，对过程模型和控制规律进行随机自寻最佳工作参数，以保证预期指标能够实现。

自适应控制系统是一个具有自适应能力的系统，它能够实时察觉过程和环境的变化。例如：碳酸化转化率的优劣不仅受到中段气和下段气的 CO_2 浓度、压力、流量、温度影响，而且中和水流量、压力、温度及浓度等诸多因素都与转化率的高低相关。这些动态参数的变化被自适应控制系统检测后，经 CPU 运算，迅速对相关的控制器进行自动校正控制，使输出值始终保持在对生产工艺参数最佳的数值范围内，从而实现优化控制。

实质上，自适应控制是集辨识、优化与控制为一体的方式。靠常规仪表是无法构成自适应控制系统的，唯有依赖于先进的工业控制计算机，用它所具有的高速处理信息的能力和强大的函数运算功能方可实现优化控制。因此，在 DCS 系统组态中，对与被控变量相关的控制模块采用了自整定 PID 算法，并以 ISE 指标作为参数整定的目标函数。根据过程模型的参数估计，使 ISE 指标最小 PID 参数作为控制器的最优整定参数。

实践证明，自适应控制系统的控制品质明显优于常规 PID 控制，对生产过程的动态变化具有较强的适应性。如碳酸化转化率由常规控制的 73.3% 提高到自适应控制的 75%，重质纯碱和普通纯碱产品的合格率达到 100%，为企业创造了巨大的经济效益。

三、近期中国纯碱工业发展的四大特点

中国纯碱工业发展到 2010 年，具备四大特点：合理布局，分布全国，均衡发展；生产方法有特色、多样化，氨碱法、联碱法、天然碱生产因地制宜，全面发展；大型化、现代化，发展平稳；老厂改造搬迁：天津碱厂、大连化工厂均迁入新址，并实现无机和有机化工综合生产。

四、2011 年全国纯碱企业产能统计

2011 年全国纯碱企业产能统计见表 4－8。

表 4－8　2001 年各企业纯碱产能

序号	企业	2011 年年底			
		总能力/万 t	氨碱/万 t	联碱/万 t	天然碱/万 t
1	海化	300	300		
2	三友	230	230		
3	双环＋万州	190		190	
4	金山	170		170	
5	博源	180			180
6	连云港	130	130		
7	青海	120	120		
8	海天	110	110		
9	昆仑	110	110		
10	和邦	110		110	
11	天碱	80		80	
12	青岛	80	80		
13	德邦	75		75	
14	大化	60		60	
15	华昌	60		60	
16	昊华西南	60		60	
17	华尔润	60		60	
18	南方	60	60		
19	丰成盐化	60		60	
20	昆山	45		45	
21	应城	45		45	
22	石联	40		40	

序号	企业	2011年年底			
		总能力/万 t	氨碱/万 t	联碱/万 t	天然碱/万 t
23	吉兰泰	33	33		
24	湘潭	30		30	
25	兴化	30		30	
26	井神	30	30		
27	骏马	30		30	
28	汉中	25		25	
29	广宇	25		25	
30	智成	20		20	
31	金昌	20		20	
32	云维	20		20	
33	龙山	20		20	
34	哈密	20	20		
35	平顶山	20		20	
36	乌海	20	20		
37	冷水江	20		20	
38	丰喜	15		15	
39	科尔	15		15	
40	富源	12		12	
41	四方	10		10	
42	柳州	6		6	
43	联合	3		3	
	合计	2 799	1 243	1 376	180
	对外公布数据	2 800	1 240	1 380	180
	比例/%		44.4	49.2	6.4

我国联合法生产纯碱和氯化铵产能均占首位,联合法成为生产纯碱的主要方法。今后,联碱还会有更大的发展,成为我国纯碱工业的一大特色。如河南金大地新建年产百万吨联碱厂,并且采用了周光耀院士设计的单塔能力最大的新型碳酸化塔。又如与江苏昆山碱厂共同开发的三段外冷大型碳酸化塔正在制造,预计2020年可投入运行,如运行成功,该塔能力可达日产 600 t,将成为世界单塔能之最。

到 2016 年,各纯碱厂实际产量均有一定程度的提升。以下是前 10 位排行榜:

1) 唐山三友（2 277 478 万 t）；

2) 山东海化（2 246 336 万 t）；

3) 湖北宜化（2 018 643 万 t）；

4) 博源集团（1 726 299 万 t）；

5) 河南金山（1 460 099 万 t）；

6) 昆仑碱业（1 270 208 万 t）；

7) 青海碱业（1 228 499 万 t）；

8) 五彩碱业（1 199 543 万 t）；

9) 山东海天（1 091 270 万 t）；

10) 连云港（1 060 177 万 t）。

中国纯碱工业从无到有，从发展到壮大，中国纯碱工业产能世界首位，经历了 100 年的光辉历程。今后根据国家发展的需要，纯碱工业将有更大、更完美的发展。

第五章 中国纯碱工业发展史拾零

第一节 化工先驱和纯碱工业精英

纯碱工业是化学工业的先导，纯碱工业的开拓者是化学工业的先驱。诸如范旭东、侯德榜、李烛尘、孙学悟、陈调甫等老一辈科学家和企业家，还有一大批为化学工业奋斗一生的纯碱工业精英，诸如刘嘉树、王楚等，他们是中国纯碱工业的开拓者，是他们推动了纯碱工业的发展，他们是中国纯碱工业史的代表人物。

一、化学工业先驱

1. 企业家范旭东

范旭东，名锐，字行。1883 年 10 月 25 日生于湖南长沙东乡，青少年时期受维新运动影响很深。1900 年随兄留学日本，1908 年考入日本京都帝国大学化学系，1910 年毕业，留校任教。1912 年归国后在任天津制币厂总稽核。1913 年，奉派赴欧洲考察盐政。1914 年，他与景本白在天津塘沽共创久大精盐股份有限公司，任总经理，生产简装精盐，以抵制洋货，改善食品卫生。1917 年，他与景本白、张弧等创办永利制碱公司，任总经理。1920 年，他在塘沽兴建碱厂（后简称永利碱厂或永利沽厂），用索尔维法制纯碱。1921 年，他聘侯德榜为技师。由于制碱技术艰难，在开工过程中，范旭东团结广大职工，克服了种种技术、经济上的困难，渡过三次濒临倒闭的难关，于 1926 年 6 月 29 日生产出碳酸钠含量达 99％ 的高质量洁白的碳酸钠，定名纯碱，同年 8 月，"红三角"牌纯碱获得美国费城世界博览会奖章和"中国工业进步的象征"的评语。自此，"红三角"牌纯碱畅销国内外,能与国际制碱垄断集团卜内门化学工业公司（卜内门洋行）的产品相抗衡。

1922 年,范旭东于塘沽创办化工研究机构黄海化学工业研究社,聘孙学悟为社长。该社除为久大、永利两企业提供技术外,还从事理论研究和资源调查,对盐卤、轻金属、肥料、细菌学等方面的研究皆有成就。1924 年,他于青岛创办永裕盐业公司。1933 年,他于江苏大浦建立久大精盐股份有限公司分厂。1934 年,他改组永利制碱公司为永利化学工业公司,在江苏省六合县卸甲甸（现南京市六合区）创办永利化学工业公司宁厂（简称永利宁厂或永利铔厂）。1937 年该厂建成,生产合成氨、硫酸、硫酸铵及硝酸,为当时具有世界水平的大型化工厂。永利碱厂和永利铔厂的建成,为中国自力生产酸、碱两大基本化工原料工业打下了坚实的基础。

1937 年 7 月,日本进一步入侵中国,沽、宁两厂先后沦陷。在国难当头的时候,范旭东不顾日本帝国主义的威胁、利诱,坚持爱国立场,发表了"宁举丧,不受奠仪"的原则谈话。开辟了新的化工基地,其中包括:于自贡市创建久大自贡模范盐厂及三一化工制品公司;迁建黄海化学工业研究社,在乐山县五通桥创建永利川厂;建设了纯碱、砖瓦、陶瓷、煤矿开采和由植物油制汽油等生产企业,以及侯氏碱法中间试验厂;筹建合成氨厂,拟用侯氏制碱法生产纯碱和化肥。1944 年,为纪念久大公司创办 30 周年,成立海洋化工研究室,致力于发展海洋化工。

范旭东于 1924 年当选为中华化学工业会副会长,1933 年任国防设计委员会委员,1938~1945 年任国民参政会参政员,1945 年当选为中国化学会理事长。抗战后期为筹建永利化学工业公司 10 个大化工厂,因需国民政府担保,未果。范旭东壮志未酬,心力交瘁,忧愤成疾,于 1945 年 10 月 4 日因患病在重庆沙坪坝逝世。范旭东一生鄙弃仕途,力倡工业救国、科学救国。他奋力于发展实业,竭力倡导学术,培养企业中有作为的技术人员,支持黄海化学工业研究社及中国化学会等社会学术团体。

范旭东勤劳终生、呕心沥血,为我国化工事业的建设、化工人才的培养,做出了不可磨灭的贡献,不愧为中国化工先驱,被毛泽东同志在挽幛中誉为"工业先导,功在中华"。1946 年受到国民政府褒奖。

2. 科学家侯德榜

侯德榜是中国化工专家,20 世纪以来在我国尽人皆知。侯德榜于 1890 年 8 月 9 日生于福建闽侯,字致本,6 岁由祖父侯昌霖启蒙入学,自幼半耕半读。1911 年就读于北京清华留美预备学堂,以全优成绩震动了当时的清华园。1913 年保送留学美国麻省理工学院和哥伦比亚大学,先后获得学士、硕士、博士学位和荣誉博士称号。1921年学成回国。从此，他把毕生精力献于我国化学工业。他是我国近代化学工业的奠基人之一与中国化学工业的先驱。

1926年6月，时任永利化学工业公司总工程师兼碱厂厂长的侯德榜突破了索尔维集团的技术封锁，攻克了一道道技术难关，建成了亚洲第一家索尔维法年产万吨纯碱的永利天津碱厂，所生产的"红三角"牌纯碱在美国费城世界博览会上获得奖章，畅销国内外，被誉为"中国近代工业进步的象征"，为我国化学工业史写下了光辉的一页。1937年，时任永利化学工业公司铵厂厂长的侯德榜主持建成了具有世界先进水平的永利宁厂，生产出我国首批合成氨、硫酸、硫酸铵、硝酸，开创了我国化肥工业的新纪元，为我国化学工业奠定了基础。1938年，他研制完成了连续生产纯碱和氯化铵的"侯氏碱法"，使原料盐的利用率达到了98％，超过了德国的蔡安制碱法，为改革索尔维法制碱做出了重大贡献，为制碱技术开辟了新的途径，并获得了专利。这项成果在中国化学会十一届年会上公布，被认为是化工技术上的重大发明。"侯氏碱法"轰动了全国，侯德榜成为尽人皆知的化学家。他在20世纪30年代初还兼任天津北洋大学（今天津大学）教授。

1945年，侯德榜任永利化学工业公司总经理，对民族工业和化工科技的发展做出了贡献。1949年5月，侯德榜应邀完成了对印度塔塔公司的技术援助后，途经泰国等地，历时50天回到北京，受到毛主席、周总理等国家领导人的热烈欢迎。7月，毛主席亲切接见了侯德榜博士。毛主席详细倾听了侯德榜对复兴中国工业的意见及范旭东建设十大化工企业的设想，表示赞赏。毛主席说："革命是我们的事业，工业建设要看你们的了！希望共同努力建设一个繁荣富强的新中国。"并邀请他参加中国人民政治协商会议，共商国是，共同建设新中国。他决心努力工作，报效祖国。

侯德榜是第一届全国政协委员，第二、三、四届全国政协常委，第一、二、三、四届全国人大代表，中国科学技术协会副主席，中国化学会、中国化工学会理事长，中国科学院技术学部委员（院士），化学工业部副部长等。他恪尽职守，事必躬亲，有高度的事业心和责任感。1962年，在他的指导下，联合生产纯碱和氯化铵的大型工业装置建成投产，1964年通过国家科委鉴定，定名为"联合制碱法"，并推广全国，为化学工业走向联合生产开辟了广阔的前景，树立了典范。1958年，他领导我国化肥专家开发了碳酸氢铵新工艺，获得了国家发明证书，为发展我国小型化肥厂提供了新途径，促进了化肥工业的发展。继碳酸氢铵新工艺（联碳）之后，他又提出了变换气制碱新工艺，实现了真正意义上的氨碱联合生产，即联碱。

侯德榜作为科学家，不仅在科学技术上开拓进取，出版的科技著述也是硕果累累，两者相互依存、相得益彰，他以生产技术和著述共同打造了中国的化学工业。1933 年，他在天津塘沽总结了天津碱厂生产建设的实践经验，在此基础上完成了英文版制碱专著 *Manufacture of Soda*（即《纯碱制造》）一书，并于1933 年在美国纽约，以美国化学会化学丛书第 56 卷本出版。出版发行的第一天，纽约一家专营书店在橱窗里醒目地陈列了一册深蓝色的新书，书脊上烫着金光闪闪的 *Manufacture of Soda* T. P. Hou（《纯碱制造》侯德榜）一行字，背景是一幅南方水乡田园，田头一个留长辫子的英俊少年，双脚踏着水车，手捧书本。这就是侯德榜少年时期勤奋好学、挂车攻读的形象。很多读者为这一新奇的广告所吸引。这本书解开了索尔维制碱技术的奥秘，打开了索尔维几十年的技术封锁，使科学技术界耳目一新。这本书成为世界首部制碱专著，此专著毫无保留地、完整地把索尔维法制碱的理论和工业过程公之于世，打破了索尔维法制碱技术的垄断，推动了世界化学工业的发展。这是中国化学家对世界文明的重大贡献，引起了世界科技界和工业界的广泛关注。侯德榜也成为世界著名的制碱技术权威。1942 年，此书在美国出版第二版，增补了新技术和对索尔维法的改进。第二版《纯碱制造》影响更加深远，被译为多种文本，广为流传，成为世界化工工程师必备的教科书和工具书。时至今日，仍有许多国家出版的同类书刊不断引用该书的内容和数据。

1958 年，化工部领导安排常年操劳、疾病缠身的副部长侯德榜到青岛和北京小汤山休养。他却借此机会，完成他多年的夙愿——完成一部中文《制碱工学》，以满足广大国内读者和国家工业建设的需要。他把大量文献资料搬到了疗养院，把那里变成了写作的书屋。他夜以继日，全神贯注，伏案执笔，很少休息。同志们劝他注意劳逸结合，他却风趣地说："全国人民都日夜奋战，我能安心在这里休养？我要充分利用这里的好条件，实现多年来的夙愿，为祖国的化工事业贡献一分力量。"

四五个月过去了，他没有光顾过青岛海滨的旖旎风光；在风清月明之夜，北京小汤山芬芳幽静的小道上也没有留下他散步的足迹。在他的书桌上却渐渐堆起一大沓书稿，每一页都凝聚了这位老科学家的心血，浸透了他的汗水。侯德榜终于利用这一段休养时期，在日夜的辛苦之中完成了一部在他心中孕育了多年的《制碱工学》。

《制碱工学》分上、下两册，共 54 章，另有重要附录 12 则，全书近 80 万字，对英文第二版的《纯碱制造》在内容上进行全面更新，篇幅增加一倍以上。新书在 1959 年国庆前夕，作为献给十年大庆的礼物，在北京化学工业出版社出版。中国科学院院长郭沫若作序并在封面题字，为《制碱工学》一书增添了光彩。《制碱工学》一书的出版在国内学术界、化工界引起热烈反响。后来，《制碱工学》一书在莱比锡的国际图书博览会上展出,受到广大学者的热烈欢迎和赞扬。

1974年,侯德榜院士病故。为继承他创下的基业,并把专著传承下去,他的学生和同事们通力合作,于1990年纪念侯德榜100周年诞辰之际,在北京由化学工业出版社出版,定名为《纯碱工学》。此书分为5篇32章,合为一卷,由中国科学院卢嘉锡院长作序。《纯碱工学》突出了具有中国特色的联合制碱法,是世界唯一详尽论述联合法生产纯碱和氯化铵的大型工学专著。此书得到了广大读者的欢迎和赞赏,两次印刷,并获得国家优秀科技图书奖和化学工业部科技进步奖。2004年,该书第二版问世。它不仅有新技术、新工艺、新装置和中国特色的制纯碱技术,而且突出了具有世界发展趋势的天然碱开采和加工技术。此书出版之时,正是我国纯碱工业在产量和技术均跃居世界首位之年。从侯德榜英文版的《纯碱制造》到《纯碱工学》第二版,共经历了5个版本,跨越了两个世纪的70年历程,成为一部与时俱进、不断更新、永葆青春的传世之作,是纯碱工业技术著述的主线。

沿着侯德榜开拓的这条主线,50余部纯碱工业方面的著述不断出版。侯德榜除上述主线著作出版外,还在化学工业出版社出版了《从化学观点谈原子能》(1957年)、《天然碱》(1959年)、《怎样使小接硫的生产进一步提高》(1961年)、《制碱工作者手册》(1962年)等。在其他出版社出版了《氯化铵的肥效》(1964年)、《四酸三碱》(1965年)等。此外,还发表论文、文章百余篇。侯德榜大量发表著作的年代正是俄文中译本科技图书占据大部分中国图书市场的年代,本国科学家出版专著十分罕见,尤其是大型专著更是凤毛麟角。侯德榜大量专著的出版产生了重要影响,促进了我国广大科技人员撰著的积极性,成为中国出版科技专著的良好开端。

侯德榜的一生功绩卓著,与我国化学工业的发展融为一体。他在机械、轻工、原子能工业等科技领域也有很深的造诣。他一生为科技事业辛勤耕耘,硕果累累,桃李满天下,得到了广大科技工作者的尊敬和爱戴,被誉为"科技泰斗,士子楷模"。他一生中多次获得殊荣:1930年荣获美国哥伦比亚大学一级奖章;1931年荣获中华文化教育基金会研究奖;1935年荣获中国工程师协会荣誉奖;1943年荣获英国皇家化学会荣誉会员称号;1944年荣获美国哥伦比亚大学荣誉科学博士称号;1955年当选为中国科学院学部委员(院士);1973年荣获美国机械工程学会五十年荣誉会员称号。

侯德榜作为科学家,知识渊博、才华出众,"勤能补拙"是他的座右铭。他大智若愚、虚怀若谷,在知识面前永不满足,直到晚年依然勤奋,工作和学习伴随了他的一生。他阅读和珍藏中外图书万卷,不愧是一位读书破万卷的人。他生活十分俭朴，不枉花一分钱。他珍惜每一分钟时间，天天有计划。他为人正直，作风正派，平易近人。他善于帮助别人，尤其关心青年人的成长，对青年一代的成长寄予了厚望。许多著名科学家和专家青年时代都得到过他的指导。他崇高的品德和智慧造就了他的一生，也影响了几代人，他的一生像春蚕一样为人民贡献着洁白的丝，像蜜蜂一样为人民贡献着香甜的蜜。后人都应以他为楷模，为祖国的繁荣富强、为人类的进步和科学技术的发展贡献力量。感谢他对化学工业及其出版事业的支持和贡献。

1973 年 10 月，在北京外交部街侯德榜家中召开"小联碱定型设计座谈会"，会后与会专家合影（图 5 - 1）。

图 5 - 1　小联碱定型设计座谈会专家合影

前排左起：谢为杰、李祉川、侯德榜、羡书锦、刘嘉树；

后排右起：李世昌、叶铁林（笔者）、王楚、罗蜀生、范柏林、段志骏、卞立本、戎寿昌、张侃若、吴佩文。

这是侯德榜先生和他的学生及同事最后的合影。1974 年 8 月 26 日，这位纯碱工业的开拓者、著名的科学家，与世长辞，终年 84 岁。笔者能在他身边工作宝贵的最后三年，并被他称为"最年轻的朋友"而深感荣幸。我们永远怀念他。

在范旭东、侯德榜之后，还有李烛尘、陈调甫、孙学悟等老一辈企业家和科学家，都是纯碱工业的奠基人和开拓者，也是化学工业的先驱。他们为化学工业贡献了毕生精力，做出了巨大贡献。

二、纯碱工业精英

1. 化工专家刘嘉树

刘嘉树青年时期以优异成绩毕业于天津北洋大学（今天津大学），攻读化学工业、化学工程，养成了苦学不倦的好习惯与善于观察、洞悉事物的能力。例如，他特别爱好化学工程，对于美国出版的佩里（Perry）和希尔顿（Hilton）所著的 *Chemical Engineer's Hand Book* （《化学工程师手册》）的一版和二版曾反复通读三遍。这本几百万字的巨著，很难有通读者。他以极大的毅力，结合工作实际去读，完成了章节通读的大志，可见他从这本权威化学工程总览中吮吸真知的决心。工作以后，尤其是就任高级技术领导职务后，他又养成白天忙工作，晚上万籁寂静的时候治学的习惯。用他自己的话说是："每到晚上十点以后，精神特别振奋，读书效率至高，脑力特别敏捷清醒，白天难于想通的问题，往往在晚间能融会贯通，顺利地解决……"他生活规律，常年如一日，早晨起来练拳锻炼，五十岁以后，则改步行为骑自行车往各施工工地和工艺症结所在的现场。那时，他才知体力的不支，但他晚间执着地看书治学仍然不减当年，直至生命的最后一刻。

1944 年，刘嘉树通过了资源委员会选派出国的考试，送往美国深造。美方派他们到一些大碱厂学习，由于资方保密，推辞说："你们中国有个大名鼎鼎的 Dr. T. P. Hou，早已把制碱技术秘密公之于世，何不去找他……"这话后来传到侯博士耳里，他立即召返刘嘉树等人，使他们重新回到永利怀抱。从此，刘嘉树与张燕刚、郭保国等人就在纽约侯博士领导的永利驻美国办事处任职，成为侯博士的助手之一。

时值第二次世界大战，国内更是民不聊生，刘嘉树等人在国外的薪酬可想而知，外国的原版书籍质高价昂，一般人除极必要非买不可外是不买书的。刘嘉树在国外总是节衣缩食，把省下的钱大部分用来购买重要的书籍资料。这个时期，他手抄的杂志摘要和拍摄的文献照片无数。他又善于对资料的编辑、收藏、整理等工作。1949 年 7 月，刘嘉树由印度塔塔公司米达浦碱厂归国。归国前为塔塔公司聘请的纯碱专家侯德榜的驻厂代表和技术顾问。

刘嘉树对自己的资料很看重，建有一套借阅体系，必须定期归还。笔者这些晚辈都很尊重他资料的来之不易和他治学的认真，对他也是从不爽约的。这样，他的知识宝库又成了笔者这些晚辈的"共有小图书馆"。尤其在索尔维法极端保守技术机密的条件下，刘嘉树的资料文献堪称闪烁着宝石光芒一样的珍品。

刘嘉树重视对青年技术人员的培养和提高，为他们提供珍藏图书、文献、资料，并及时指导他们解决在工作中遇到的技术难题，交流看法。日久很自然地养成一种学术气氛和实干精神。在这段时间里，刘嘉树把从美国带回来的新技术，几乎一个不漏地运用到沽厂的各系统改造上。

刘嘉树对氨碱系统主要着重冷却水强化措施，对井水和循环水系统进行彻底改造，使纯碱产量与日俱增。夏季的供水紧张得到缓解，氨耗大幅下降。

跟着刘嘉树干工作使人有一种充实感、安全感，他知识面很宽，工程知识丰富，是位实干家，再加上他能计算，所以难题难不倒他，改造的成功率很高。

1951 年，刘嘉树调到大连碱厂任总工程师，兼顾生产工艺与设备的改造，不到一年把一个由苏联人手中接收过来的烂摊子整治成成本低于永利塘沽碱厂的国有企业。

自 1953 年开始，国家对永利沽厂和大连碱厂进行技术改造。首先在大连碱厂组成联合设计组，并从重工业部化工局沈阳设计室抽调刘季芳、饶北权等人进行支援，永利的第二代专家张佐汤、吴览庵等人也参加，刘嘉树任大组总设计师，仅用了一年时间完成方案设计、技术设计和施工图设计。那时，一方面对苏联体系的设计方法、程序不了解，另一方面人员来自各方，水平参差不齐，如何同舟共济、统一步调是一项艰巨任务。整个扩建工作由大连碱厂陈力厂长亲自指挥，白天紧张工作，晚间业余时间组织各种学术报告、方案讨论，边学边干，成员水平提高很快，斗志旺盛，互帮互学，成效斐然，不仅顺利完成任务，而且融合了各方面人才于一体，其中包括未归国的苏籍、日籍专家，共赴巨任，奏出一曲凯歌，受到上级表扬。

大连碱厂的扩建是由年产 6 万 t 到 18 万 t，可贵的是投产后超过了设计规模，而且反映了当时的最新技术，如大型 $\phi15\ m$ 澄清桶、$\phi15\ m$ 三层洗泥桶、$\phi2.5\ m$ 碳酸化塔、$\phi13.6\ m^2$ 滤碱机至今仍为几个大型氨碱厂所采用。大碱的苛化烧碱也基本上反映了永利改造后的技术水平。

1955 年夏秋之交，刘嘉树被调到北京化工设计院任总工程师指导两碱设计。1957 年春，北京化工设计院的制碱班子全员由李祉川率领调入大连化工厂从事联合制碱大生产车间的设计。当时，刘嘉树虽仍留在北京化工设计院任总工程师，但频繁赴大连指导联合制碱工业化的开发进程，与李祉川总工程师并肩建设我国第一座大型联合制碱车间。

刘嘉树是闲不住的专家，当他尚未调到北京化工设计院时，就在大连开展了立足国内的多品种的研究工作，其中有食用碳酸氢铵、从精制盐水废泥中提取轻质碳酸镁、轻质碳酸钙等。其中碳酸氢铵项目一举实现工业化，至今仍占领国内外市场，也是为 1958 年发展的县级氮肥新品种碳酸氢铵提供了技术借鉴。

1957 年由北京迁出，随夫人李雅雯安置在内蒙古自治区，任石油化工局总工程师兼石化设计院总工程师。1961 年春正式调回大连化学工业公司任副总工程师兼碱厂总工程师。

1957 年 11 月,在尚未调出北京化工设计院前,他随侯德榜赴日考察旭硝子等联碱的改造状况。日本人发明联碱晚于侯德榜 10 年,工业化进程反而早于我国 10 年。由于侯德榜在世界上的权威性,再加上纯碱行业在世界上的垄断习惯,日方拒绝侯德榜到现场参观,反而同意刘嘉树可以随团进入核心部分,这就给刘嘉树一个摸到日本联碱真实情况的机会。

1957 年,我国已在大化中试厂打通日产 10 t 规模的流程,而日本此时已在建设一座旭硝子分厂,以天然气为原料合成 NH_4Cl,并且九州本厂的粒状 NH_4Cl 化肥已源源不断地畅销于我国沿海南方产稻诸省,深受农民欢迎。刘嘉树在日本获得准确的技术信息是一阵及时雨,使我国开发联合制碱少走了很多弯路。

我国第一座大型化联碱厂建成,通过调试过程不断改进直至成功,侯德榜几乎每月要从北京来大连一次,对细微环节进行决策,刘嘉树则是当时这方面的主要智囊。在联碱施工的紧张过程中,刘嘉树仍不分昼夜地博览结晶工程的全部文献、杂志,有的是他边读、边笔译出来的,及时印发给大家学习、钻研,从技术工人到设计、研究人员概不例外,形成一股技术学习的热潮。

我国联合制碱从无到有,直至站稳脚跟,今天已成为世界第一生产大国,这里侯德榜和刘嘉树的功绩是不可磨灭的。刘嘉树为我国化学工业的发展奋斗到最后一刻,他循循善诱,刻苦治学,勇于实践,对晚辈严格要求,是后人永远学习的榜样。

2. 纯碱专家王楚

王楚历任化工部第八设计院、第一设计院副总工程师,是在纯碱生产、科研、设计实践中造就的英才。他亲历中国纯碱事业发展的各个阶段,有所创造、有所建树,对我国纯碱技术进步有卓著的贡献。

王楚于 1924 年生于四川,幼年举家迁到北京。1936 年考入北京师大附中。1942 年考入北京大学工学院。1946 年,他品学兼优地毕业,受到教授的推荐,被亲来北大招聘人才的永利碱厂厂长佟翕然选中。从此,王楚加入永久黄团体,使前程和祖国的纯碱事业结下不解之缘,工作 43 年直至退休。

永利碱厂是我国第一代重化工企业,管理严格,工效至高,对技术人员的培养和使用有一套严格的程序,大学生进厂一律到车间倒班,从熟悉基层生产开始培养。王楚放下架子向技师和工人学习,学习他们精湛的技艺和坚强的意志,下班后则刻苦攻读和生产有关的理论,发掘和思考生产中的难题。王楚在工作中的勤奋和进取精神,很快得到技师和工人的肯定,同事们相处融洽,师傅们坦诚地把经验传授给他,而他也乐于给工人讲解和生产有关的化工原理,起到互相提高的作用。

王楚不分昼夜地艰苦奋斗，很快掌握了工作内容，同时逐渐发现生产中不论是设备、计量仪表还是机械动力的使用等方面均存在不少急待改进的问题，于是这个从小就喜欢动手、动脑的王楚开始"动手"向技术革新进军。如原先石灰窑卸灰须靠筐装人抬堆存，费时费力，出灰不及时就会引起火层上移，危及窑顶机械。王楚提出利用装石的轻便轨道，接通灰窑卸灰口，改用矿石车从二楼装运石灰，利用标高优势，使轻轨顺坡伸向广场，迅速疏散石灰。这一改进，既保护了灰窑设备，又减轻了工人的劳动，深得厂长和工人的赞许。为了适应生产能力增大的需要，王楚又对灰窑上石运输吊斗机进行改造，并把运石车改为轻型焊接结构，扩大容量，又把轴承改为滚动轴承，从而立见增产、省工、省力的效果。

王楚在初出茅庐的前五年，勤奋、刻苦、善于思考、勇于实践，不少技术革新得张佐汤、刘嘉树、张燕刚等老工程师前辈的指点和鼓励。1951年，王楚被调入设计室作为刘嘉树的工艺和化学工程助手，专事纯碱和烧碱的技改工作。

在刘嘉树的领导下，碱厂短期内实施了冷却水系统的整治，保证了夏季生产供水；在烧碱强腐蚀部位使用镍材，引进高效澄清桶、洗泥桶，改造老式立管自然蒸发器，使碱厂面貌焕然一新，生产能力迅速上升。在跟随刘嘉树工作期间，刘嘉树严谨的治学作风，孜孜不倦的敬业精神，勇于实践的创新精神，心怀坦荡，充满公心、识才、爱才、育才的崇高品质，都给王楚以深刻的印象，被他引为处世立业的楷模。

1952年11月，大连、塘沽两厂进行扩建。由陈力和王宗岩任正副设计组长，刘嘉树任总设计师，王楚任工艺组长。大连碱厂的扩建工程三段设计费时仅九个月就全面完成。王楚在这次设计中初露锋芒，不负众望。两厂设计中采用了当时较先进的设备如 ϕ15 m 澄清桶、ϕ15 m 三层洗泥桶、ϕ2.5 m 碳酸化塔和13.6 m^2 滤碱机等。苛化烧碱也反映了塘沽碱厂改造后的技术水平，使我国纯碱工业的技术水平提高到一个新高度，为我国纯碱工业第一次腾飞奠定了基础。

由于国家建设的需要，1953年成立北京化工设计公司，原两厂扩建的设计大组，除正、副组长外，大多数人员调入设计公司，王楚从此脱离永利碱厂在设计公司任制碱科纯碱专业组长。

为了迅速发展基础化工和农业的需要，中央决定建设联碱厂。1957年年初，化工部安排北京化工设计院承担联碱设计任务，由刘嘉树、李祉川负责实施。王楚是设计院制碱科的纯碱专业组长，在联碱设计上挑大梁是理所当然的，但联碱对王楚来说是新鲜事。技术生疏，形势很严峻，王楚负责联碱Ⅱ过程的设计，这是该项设计的难中之难。经过冷静的分析和思索，王楚高兴地看到旭硝子除在设备上选用了更适合规模生产的 OSLO 大型结晶器外，在流程上竟与我国有惊人的相似。经过反复琢磨，他坚定了对原有流程的信心，同时明确必须吸收 OSLO 结晶器的优越性，决定修改桶罐式结晶器的方案。于是连续突击进行新一轮的化工计算、设备配置等新的方案设计。在王楚、边立本等人的精心安排下，新方案在技术上有了突破性的改进。

1962 年，通过紧张的工作，一套年产 16 万 t 的联碱装置建成开始试车，暴露出不少问题。侯副部长见到这种情况，不顾年迈体弱，来往穿梭于北京、大连之间，在听了各种意见之后，迅速确定主要的修改方案。李祉川总工和王楚一起提出"突出重点，实事求是"的修改方案。

1962 年，美国 IEC（国际电工委员会）杂志发表一篇日本东洋集团关于联碱开发的文章，文中将室内相图研究、中间试验和示范厂主要内容公之于世。

按照文献资料，对照我国联碱工程的具体情况，王楚经过缜密仔细的思考，本着取长补短的精神，又一次提出修改方案：对结晶器的结构有新的改进；循环泵当时国内没有适用的型号，只能在原有苏联立式轴流泵的基础上改造成悬臂立式泵，以克服底轴承不耐腐蚀的问题；刘季芳提出无阀操作的思路，建议将泵设在结晶器顶部液面的下方；在防腐问题上又成功地采用了热固酚醛清漆来武装外冷器和母液换热器。不久，装置的日产提高了四倍，设计院情绪高涨，派员跟班总结经验，1963 年就开始盈利，生产厂满意，很快验收了全工程。

从无到有的联碱Ⅱ过程设计，虽几经曲折，但投产后产生了良好的效果，为我国以后建立的几十个联碱厂奠定了基础。

1957 年至 1965 年是王楚从而立到不惑如日中天的 8 年，8 年中为了联碱Ⅱ过程的设计、投产，他历尽艰难、呕心沥血，和工艺室的傅孟嘉、刘汉凤、杨盛烈、方志文、宣叔衡等同志一起出色地完成了任务。

1966 年开始进行纯碱技术革命大会战，会战中的七项成果奠定了小联碱的基础，当时称为"氨碱大联合"，利用合成氨的变换气加压制碱；Ⅱ过程用冷、盐析 OSLO 结晶器，都改成真空喷射制冷。国家决定在连云港化肥厂内建设一座样板厂。王楚直接参加了大连战区的会战，在真空 OSLO 中试和热法模拟联合制碱Ⅱ过程试验中做出了应有的贡献。

除郑州化肥厂外，王楚还先后在株洲联碱厂、冷水江制碱厂、江西氨厂联碱车间、济南化肥厂联碱车间，为小联碱做现场服务和补充设计。

1973 年，侯德榜副部长病重期间，他抱病在家里召集会议，座谈小联碱的形势和对策，最后由王楚起草会议纪要，经侯德榜副部长审定后报给部领导，作为推动小联碱工作的参考。

鉴于王楚在 20 年来对小联碱工作自纯碱技术革命会战始至驻厂设计，建厂、巡回检查，过四关，治理整顿，为小联碱的发展始终奋战在第一线，做出卓越的贡献。1990 年，化工部在纪念小联碱诞生 20 周年纪念会上授予王楚"为小联碱发展做出突出贡献"的荣誉，对此王楚是受之无愧的。

"八五"计划中，国家要求纯碱产品国内自足，并有适量出口。为实现这一目标，拟同时在河北唐山、山东潍坊、江苏连云港兴建三个 60 万 t/a 纯碱厂。设计任务由第八设计院承担。为此，王楚在八院调总工程师室，负责制碱工艺技术，组织三厂统一工艺路线、总图和主要设备的统一方案。这次设计要求技术先进，经济效益高，是一次体现我国纯碱技术水平的设计。

1984 年，化工部在设计部门引进竞争机制，开展多点、多地区设计，将潍坊碱厂的设计任务转交给第一设计院，为了加强一院纯碱设计的力量，化工部调王楚到一院任副总工程师兼潍坊碱厂技术总负责人。

潍坊碱厂的施工进度节节领先，提前于 1989 年 4 月投料，一次开车成功，很快达到设计能力，通过 72 h 考核，除氨耗限于初试车时缺乏经验有微超外，其他指标均与设计指标达到惊人的一致。潍坊碱厂的设计是碱业老将——王楚的力作，为此他倾注了全部的精力和心血，无私地奉献毕生积累的经验。1994 年潍坊市纯碱工程建设指挥部授予王楚"山东潍坊纯碱工程建设先进工作者"光荣称号，为王楚一生的设计工作画了个完满的句号。

王楚在几十年的工作中，对知识从不保守，不论是工作、学习还是出国考察，只要有心得，就迫不及待地向同行、青年朋友传授，通过个别交谈、通信、写文章、举办讲座……不仅不拘形式，而且乐此不疲。在培养新一代纯碱技术人员上，王楚从来是只知耕耘、不计收获的，受人之教，施教于人。他说："我的成长得到很多老一辈制碱专家如侯德榜、张佐汤、刘嘉树、张燕刚、李祉川等的辛勤教导和栽培。自然对后来者的成长我也是责无旁贷的。一个国家，一个民族，一个行业的进步，就是这样代代相传，永无止息的。"在纯碱行业，王楚可谓桃李满园。

王楚勤奋笔耕，著作丰硕。最早是在 20 世纪 50 年代的化工杂志上评述精制盐水过程中"石灰-纯碱法"和"石灰-碳铵法"的优缺点与适用范围，在纯碱行业中起到了良好作用。20 世纪 60 年代初，他撰文《联碱Ⅱ过程 NH_4Cl 结晶冷却方法的选择》，统一了技术人员的思想，克服了方案摇摆不定的障碍，赢得了工程建设的时机。

王楚一直崇敬侯德榜的博学多才，对侯老的《制碱》一书再三捧读，引为经典。1958 年，侯德榜编写《制碱工学》，出版社的责任编辑邀约王楚在书中增加有关章节中制碱工业设计的内容。王楚惶恐不已，深感自己在侯老面前是小学生，怎能在名著之后添枝加叶。但为了在侯德榜的名著中使制碱设计内容没有缺漏，还是勉为其难地做了。侯老对王楚的补充十分满意。

20 年后，为纪念侯德榜 100 周年诞辰，中国纯碱工业协会组织编写一部反映我国当代纯碱工业技术水平的《纯碱工学》，王楚被邀为编委会成员，作为第十九、二十章的作者，兼任全书统编、审定。工作之辛苦对一个 65 岁的老人来说是可想而知的，但他本着一贯艰苦奋斗的作风，从头至尾，不厌其烦，大到统揽全局小到斟字酌句，终于胜利完成任务。由于这本书立论严谨、内容丰富、技术先进，充分反映了我国纯碱工业的现实水平，深受读者欢迎，两次印刷。1992年，《纯碱工学》荣获国家出版署授予的"全国优秀科技图书二等奖"。

20 世纪 70 年代初，结晶过程的研究在国际上发表的论文和综述甚多，对工程实践有很大推动。20 世纪 80 年代，化学工业出版社拟出版巨著《化学工程手册》，唯"结晶"一章无适当人选执笔。原本这一章由我国结晶学前辈学者天津大学丁绪淮先生执笔是顺理成章的事，但丁先生年事已高，无法再执笔了。化学工程中心的萧成基先生了解王楚在联碱工程中对结晶过程的理论与实践造诣颇深，力荐由王楚执笔。王楚汇集了他 30 多年来搜集的文献，花了三四年的业余时间，三易其稿，用心血煎熬出《化学工程手册》的撰稿任务。1987 年，《化学工程手册》荣获国家新闻出版署"全国优秀科技图书奖"，这对王楚来说是一种莫大的鼓舞。

1989 年，潍坊碱厂投产，顺调后，王楚办理退休手续。退休后，他仍像春蚕吐丝一样要把近 50 年来积累的经验奉献给国家。他接受行业委托撰写了《中国化工大全》中的纯碱词条，又受中国纯碱工业协会邀请主编《纯碱生产工艺和设备计算》一书，二三年内自编写大纲到审定全稿，他自始至终一丝不苟，对此竭尽全力。此书一问世就得到业内人员的欢迎，书中打破了纯碱行业在设计领域中的某些神秘感，使纯碱的设计工作逐步走上科学、量化，克服了不少靠经验判断的缺陷。此后，他又参加完成了《化工结晶过程原理及应用》（第一版）一书的撰稿任务。此书出版后荣获"全国大学优秀学术著作一等奖"。这是王楚参加完成的最后一部著作，成为永久的纪念。退而未休的王楚，还有一个宏大的志愿：他深知纯碱行业在过程分析和基础数据的积累上和其他行业相比存在不少差距，而这些正是工程计算的基础。他要以微机为工具，对纯碱工程计算的基础、物化数据的推算，不论是半经验的回归还是数学模型的推导方面，在计算机数据库软件上再做贡献。

王楚于 2008 年 3 月 23 日病故，享年 84 岁。王楚艰苦奋斗一辈子，对我国纯碱工业的发展做出了不可磨灭的贡献。他一生勤奋学习，治学严谨；努力工作，屡建奇功，培养新人，甘当人梯；著书立说，抚育后人。他以自己的劳动为纯碱工业做出巨大贡献，获得人们的尊敬和爱戴。

纯碱工业是化学工业的基础和先导。纯碱工业的发展不仅带动了化学工业的发展，也为化学工业乃至科技领域培养了大批工程技术人才。除上面介绍的刘嘉树、王楚两位代表，还有如姜圣阶、张佐汤、李祉川、段志骏、华克刚、陈宝庆、张步闾、刘季芳、周光耀、李武等一大批纯碱工业精英。他们是纯碱工业发展的动力和功臣。

第二节　纯碱工业与著述

一、概述

中国纯碱工业走过了百年的光辉历程，从无到有，从强大到辉煌。伴随着中国纯碱工业的发展，纯碱工业方面的著述也在不断出版，两者相互依存，相得益彰。中国纯碱工业的发展和辉煌是产能技术和专业著述的影响共同打造的。纯碱工业的著述为中国和世界的纯碱工业发展产生了深远影响，培养了几代纯碱工作者和化工专家。因此，论述纯碱工业的发展史，就不能不记述纯碱工业的著述史。

1928年，中国纯碱工业已初具规模，在生产技术、经济管理等方面均取得了丰富经验。在此情况下，我国科学家侯德榜博士进行了全面总结，在天津塘沽用英文完成了世界第一部纯碱工业技术专著——*Manufacture of Soda*（《纯碱制造》），并于1933年在美国纽约出版。此专著毫无保留地、完整地把索尔维法制纯碱的技术理论工业过程公之于世，推动了世界重要工业原料纯碱及其关联产品的制造技术和生产的发展，同时也促进了化学工业的发展。这是中国化学家对世界文明的重大贡献，引起了世界化工界的广泛关注。

1942年，《纯碱制造》英文第二版在美国纽约出版。比第一版增加了盐水精制、重碱湿分解、索尔维法的改进等章节。此书第二版的问世，在国际化工界和出版界产生了强烈影响，使中国纯碱工业和侯德榜在世界科技界威望大增。1943年，美国新编《罗杰氏工业化学》中的"纯碱与氯碱工业"也是请侯德榜编写的。《纯碱制造》第二版影响十分深远，多年来为许多世界科技名著所引用，并被译成多种文本，成为世界化工工程师的必备教科书和工具书。

1960年，侯德榜的中文版《制碱工学》由化学工业出版社在北京出版，中国科学院院长郭沫若为此书作序。此书分为上下两卷，内容十分广泛，除纯碱及其关联产品的生产技术外还有氯碱工业产品生产技术内容。在纯碱生产方面突出了侯氏制碱法（联合法）生产纯碱和氯化铵的内容。此时正是俄文中译本科技图书占据大部分中国图书市场的年代。本国科学家出版这样一部大型工学著作，有重要影响，促进了中国广大科技人员撰著的积极性。

《制碱工学》出版14年后，侯德榜病故。为了继承侯德榜创下的基业，并把专著传承下去。他的学生和同事们倡议修订再版。此时，中国纯碱工业在技术理论研究、装置设计建设、生产规模和产量等方面的能力均十分雄厚。经过精心策划，几十位专家通力合作，于 1990 年纪念侯德榜 100 周年诞辰之际，由中国纯碱工业协会主编，在北京由化学工业出版社出版发行，定名为《纯碱工学》。此书分为 5 篇 32 章，130 万字，由中国科学院院长卢嘉锡为此书作序。《纯碱工学》突出了具有中国特色的联合制碱法，也是与世界各国出版的同类书所不同的特点，是唯一详尽论述联合法生产纯碱和氯化铵的大型工学著作。与《制碱工学》相比，《纯碱工学》中删去了与纯碱生产无关联的氯碱工业内容和过时的信息资料，由上下两卷并为一卷，使内容更加突出重点，更加精练。它加入了实用的工学内容，如总图设计、生产检验、过程控制、供水供能、包装储运等，使工学内容更加突出，也更加实用。此书的出版得到了广大读者的欢迎和赞赏，两次印刷，并被评为国家优秀科技图书奖和化学工业部科技进步奖，被国内外读者频繁引用。

《纯碱工学》第一版出版 14 年后，2004 年《纯碱工学》第二版问世。由大连化工研究设计院主编，在北京由化学工业出版社出版。第二版是为了广大新读者的需要和补充 14 年中纯碱工业的新发展。其中包括新技术、新工艺和数据、新装置设备和新的研究成果。突出了具有中国特色的联合法制纯碱技术和具有世界发展趋势的天然碱开采、加工技术，并在整体上有新面貌，跟上时代的发展，也是科技出版界关注的重要著作。

从侯德榜博士的英文版《纯碱制造》到《纯碱工学》第二版，共经历了 5 个版本，跨越了两个世纪 70 年的历程，成为与时俱进、不断更新、永葆青春的传世之作，是纯碱工业技术著述的主线。沿着这条主线，50 余部纯碱工业方面的著述不断出版。为此，《中国新闻出版报》于 2004 年 11 月 2 日刊登头条书评"五个版本跨越两个世纪——《纯碱工学》评价"。到 2014 年第三版《纯碱工学》出版，一共走过了 80 年的历程，记述了中国纯碱工业 100 年发展的光辉历史，成为中国化学工业 100 年发展史的缩影。

二、公开出版的图书

现将中国人撰著和译著的部分纯碱工业技术著述分列如下。

(1) 侯德榜. *Manufacture of Soda*. (《纯碱制造》). 纽约：化学编目有限公司 (Chemical Catalog Company Ine)，1930.

(2) 侯德榜. *Manufacture of Soda*. (《纯碱制造》). 2 版. 纽约：莱因霍尔德出版公司 (Reinhold Publishing Corporation)，1942.

(3) 侯德榜. 天然碱. 北京：化学工业出版社，1958.

(4) ［苏联］切尔诺夫. 纯碱生产. 郭保国，刘玉其，张莹，译. 北京：化学工业出版社，1959.

(5) 侯德榜. 制碱工学. 北京：化学工业出版社，1960.

（6）刘福远. 纯碱厂车间分析操作技术. 北京：化学工业出版社，1960.

（7）华东化工学院，等编. 无机物工学（纯碱与烧碱）. 北京：中国工业出版社，1961.

（8）侯德榜，魏云昌. 制碱工作者手册. 北京：中国工业出版社，1962

（9）魏云昌. 纯碱与苛化烧碱工业. 北京：中国工业出版社，1964.

（10）［苏联］Г.И. 米库林，И.К. 波利亚科夫. 纯碱生产的蒸馏. 成都工学院无机物工学教研室，等译. 北京：中国工业出版社，1965.

（11）大连化学工业公司设计研究院. 纯碱译文集. 北京：中国工业出版社，1965.

（12）［苏联］M.Б. 泽利金. 苛化法制烧碱. 古荣祥，李鹤廷，译. 北京：中国工业出版社，1965.

（13）纯碱技术革命会战组. 纯碱技术革命会战成果汇编. 北京：燃料化学工业出版社，1966.

（14）大连制碱研究所编. 联合制碱生产分析方法. 北京：燃料化学工业出版社，1974.

（15）大连化工厂编. 联合法生产纯碱和氯化铵. 北京：石油化学工业出版社，1977.

（16）大连工学院等合编（陈五平主编）. 无机化工工艺学（四）纯碱与烧碱. 北京：化学工业出版社，1980.

（17）［苏联］C.B. 宾科夫斯基等. 纯碱生产及自动控制. 钱庆元，古涛，刘玉其，译. 北京：化学工业出版社，1982.

（18）［西德］Z. 兰特. 索尔维法制碱. 彭承美，译. 北京：化学工业出版社，1983.

（19）李祉川，陈歆文，侯德榜. 天津：南开大学出版社，1986.

（20）大连化工厂编. 联合法生产纯碱和氯化铵. 北京：化学工业出版社，1986.

（21）李国瑞，陈歆文. 纯碱生产分析. 沈阳：辽宁科学技术出版社，1988.

（22）韩行治. 联合制碱工艺. 沈阳：辽宁科学技术出版社，1989.

（23）陈学勤. 氨碱法纯碱工艺. 沈阳：辽宁科学技术出版社，1989.

（24）叶铁林. 天然碱——资源、地质、开采、加工. 北京：化学工业出版社，1989.

（25）大连工学院等合编（吕秉玲主编）. 无机化工工艺学（四）纯碱与烧碱. 2 版. 北京：化学工业出版社，1989.

（26）［苏联］C.A. 科拉史尼科夫. 制碱工艺学. 化工部制碱研究所，译.

北京：北京科技出版社，1990.

（27）中国纯碱工业协会主编. 纯碱工学. 北京：化学工业出版社，1990.

（28）郑开宇主编. 化工先驱侯德榜. 天津：天津人民出版社，1990.

（29）潘鸿恩，孙锡吾. 纯碱生产设备检修与防腐. 沈阳：辽宁科学技术出版社，1991.

（30）吕秉玲，林志祥. 纯碱生产相图分析. 北京：化学工业出版社，1991.

（31）李武主编，叶铁林，潘洁副主编. 中国天然碱工业. 北京：化学工业出版社，1994.

（32）王楚主编，傅孟嘉，戍寿昌，周光耀副主编. 纯碱生产工艺与设备计算. 北京：化学工业出版社，1995.

（33）天津碱厂编. 红三角的光辉. 天津：新华出版社，1995.

（34）〔美国〕Donald E. Garrett. 天然碱——资源·加工·应用. 伊克昭化工研究设计院，译. 北京：化学工业出版社，1996.

（35）叶铁林. 天然碱——资源、地质、开采、加工. 2版. 北京：化学工业出版社，2003.

（36）大连化工研究设计院主编. 纯碱工学. 2版. 北京：化学工业出版社，2004.

（37）王全. 纯碱制造技术. 北京：化学工业出版社，2010.

（38）叶铁林. 天然碱——资源、地质、开采、加工. 3版. 北京：化学工业出版社，2013.

（39）张晨鼎. 天然碱矿床开发. 北京：中国石化出版社，2013.

（40）大连化工研究设计院主编. 纯碱工学. 3版. 北京：化学工业出版社，2014.

（41）王全. 碳酸化工重碱结晶过程与操作. 北京：化学工业出版社，2015.

（42）陈歆文，周嘉华. 永利与黄海——近代中国化工的典范. 济南：山东教育出版社，2006.

三、部分非公开出版的资料

（1）〔苏联〕哥尔式登. 纯碱制造. 大连碱厂工程师室，译. 大连：大连碱厂，1953.

（2）陈宝庆主编. 纯碱制造. 天津：天津碱厂，1959.

（3）〔苏联〕М. Л. 瓦尔拉莫夫等. 霞石原料综合加工生产纯碱和钾碱，化工部制碱工业研究所译. 大连化工部制碱工业研究所，1988.

（4）〔苏联〕И. Д. 扎依采夫等. 纯碱生产. 天津：天津碱厂，1988.

（5）化工部制碱工业研究所编. 联合制碱生产方法. 大连：制碱工业研究所，1974.

（6）段志骙编. 氨碱法废液废渣的排放处理及回收利用，1991.

（7）化工部制碱研究所，纯碱情报中心站，纯碱工业协会. 纯碱深加工产品调研报告，1992.

（8）化工部化肥司，中国纯碱工业协会. 庆祝小联碱诞生二十周年纪念文集. 1990.

（9）中国纯碱工业协会. 纪念侯德榜100周年诞辰论文集. 1990.

（10）化工部制碱工业研究所，中国纯碱工业协会. 全国纯碱企业概况（1949～1988）. 1990.

（11）天津碱厂. 钩沉［（永久黄）团体历史珍贵资料选编］. 2009.

四、部分涵盖纯碱工业内容的图书

（1）《中国企业管理百科全书》无机化工部分. 郭炳琛，傅孟嘉编写. 1984.

（2）《中国大百科全书》纯碱条目. 段志骙等编写. 1987.

（3）《化肥工业大全》氯化铵部分. 韩行治编写. 1988.

（4）《化肥企业产品能平衡》第七篇纯碱产品能平衡. 饶钟尧，贺友林编写. 1989.

（5）《中国化肥手册》氯化铵部分. 霍树洪编. 1992.

（6）《专家谈我国百种重要化工产品现状与预测》纯碱、氯化铵产品. 王慧中编. 1996.

（7）《中国近代化学工业史》纯碱工业等. 陈歆文编. 2006.

（8）《化工结晶过程原理及应用》结晶在纯碱生产中的应用一章等. 周光耀、王楚、叶铁林、赵九生、宣叔衡、王全、包友兴等编写. （第一版2006年出版，荣获首届（2009年）中国大学生出版社图书奖优秀学术著作一等奖；第二版2012年出版；第三版2020年出版）.

（9）《当代中国的化学工业》第七章纯碱部分. 吴佩文撰写. （该书由杨光启、陶涛副部长任主编，是《当代中国》丛书100多卷中的一卷）. 1986.

（10）《中国大百科全书》中有关纯碱的条目. 分别由段志骙、吴佩文、周光耀、华克刚编写，介绍碱厂的条目由郭龙清、董春和编写. 1987.

第三节　纯碱工业信息刊物

一、《海王》

《海王》是中国纯碱工业创办最早的信息刊物。

20 世纪 20 年代，久大、永利、黄海三大事业不断发展壮大，为了"互通消息、联络感情"，范旭东于 1928 年创办了"永久黄"团体的内部刊物《海王》旬刊，由范旭东亲自主持，在天津出版。

旬刊出版后，对"永久黄"团体内部互通消息、加强团结起到了很大的作用，同时也受到社会的欢迎。《海王》的内容"庄谐并重""雅俗共赏"，反对板起面孔说教，既刊登科学论文、管理经验、时事评论，也有杂文诗歌、游记及风趣的"家常琐事"，深受职工欢迎。《海王》的宣传，加深了外界对"永久黄"团体的认识。

范旭东因塘沽事业进展很快，人事日趋繁复，在 1932 年成立了久大、永利、黄海联合办事处，聘阎幼甫为处长，除管人事、福利，应付当地复杂环境外，兼《海王》旬刊的编辑出版工作。在"永久黄"团体中，大家一致认为"工厂是'永久'团体的生产事业，黄海是'永久'团体的神经中枢，《海王》是'永久'团体的喉舌"。

《海王》着力宣传"永久黄"团体的四大信条："（一）我们在原则上绝对的（地）相信科学。（二）我们在事业上积极的（地）发展实业。（三）我们在行动上宁愿牺牲个人、顾全团体。（四）我们在精神上以能服务社会为最大光荣。"这四大信条是在《海王》上公开征求全体职工意见，经过几个月的研究讨论，汇集了大家的意见后确定的。四大信条为维护"永久黄"团体的巩固起到了精神支柱的作用，见图 5 - 2。

图 5 - 2 "四大信条"登载在《海王》每期的显要位置

范旭东是《海王》旬刊的创导者，也是积极的读者和作者。他在百忙中一期不漏地阅读《海王》，经常为《海王》的编辑工作提供宝贵的意见，推进《海王》发展。他为带动职工向《海王》投稿，前后为《海王》写稿百余篇，内容有短评、游记和杂文。这些文章内容广泛，有的是针对时弊发表议论，有的是对振兴实业、发展科学提出主张，文笔流畅，亦庄亦谐。《长征》《往事如尘》《南风》《重庆耒阳来往一趟》等长篇，都是深受读者欢迎的好文章。

《海王》旬刊在抗战爆发后先迁长沙、乐山，后迁重庆，抗战胜利后迁南京梅园新村，一直到中华人民共和国成立。该旬刊从创办至中华人民共和国成立，除抗战初期因特殊原因脱期外，每年都出满 36 期。它为"永久黄"团体积累了丰富的历史资料，圆满地完成了它的使命。到 1949 年 9 月 20 日《海王》停刊，历时整整 20 年。

二、《纯碱工业》《国外制碱》和《纯碱工业生产技术经济指标交流月报》

提到纯碱工业的著述就不能不提《纯碱工业》《国外制碱》与《纯碱工业生产技术经济指标交流月报》这几个伴随纯碱工业的发展一路走过的期刊。

创刊于 1963 年的《纯碱工业》杂志自创刊以来历经《化工技术资料纯碱专业分册》《制碱工业》《制碱工业简讯》《纯碱工业》，是纯碱行业唯一的一份国内外公开发行的技术刊物。

1.《纯碱工业》

《纯碱工业》杂志是经国家新闻出版署批准出版的刊物，双月刊，公开发行。由大连化工研究设计院、中国纯碱工业协会共同主办，是我国纯碱行业中唯一一份国内外公开发行的技术刊物，创刊于 1963 年，双月 15 日出版。刊号 CN21—1155/TQ，ISSN1005—8370，大 16 开本，编辑部自办发行。

《纯碱工业》杂志主要报道纯碱行业及相关领域的生产、科研、设计、经营、管理的最新动态、技术进步及发展方向，是本行业最具权威性的刊物。

《纯碱工业》杂志曾获化工科技情报重大贡献奖、部级优秀期刊称号、中国纯碱工业协会科技进步二等奖及化工部科技进步三等奖，2006 年被中国石油和化工协会评为全国石油和化工行业优秀期刊（专业技术类）二等奖。在纯碱行业里被广大读者誉为"良师益友"。该刊至今已有 57 年历史。

本刊全文入选《中国学术期刊综合评价数据库》《中国科学引文数据库》《中国期刊网》《中国学术期刊光盘版》《中国核心期刊（遴选）数据库》，入选《中国化学化工文摘》和《美国化学文摘》（CA）等国内外重要文献检索体系。

2.《国外制碱》

《国外制碱》是由全国纯碱工业信息站于 1964 年创刊的、报道国外制碱文献的活页资料。因"文革"曾停刊多年（1967—1979 年），于 1980 年复刊，后由于企业转制、办刊经费不足等诸多原因于 1992 年再次停刊。在现代化建设中，科学技术要走在前面，本刊主要刊登国外有关制碱方面的科技文献资料的译文，其中包括国外期刊文献、专利说明书、会议资料等；此外还刊登一些国外有关制碱工业专题文献的摘要、题录等专题报道。

3.《纯碱工业生产技术经济指标交流月报》

《纯碱工业生产技术经济指标交流月报》同样是由全国纯碱工业信息站于 1964 年开始编制、汇总、发行的，开始是以季报、半年报、年报的形式，后改为月报。月报全面刊登纯碱企业的产量、质量、工艺、技术、经济等多项指标，是行业信息交流中不可或缺的资料，多年来为行业的发展做出了重大贡献。

第四节 纯碱工业的科研与设计

一、黄海化学工业研究社

黄海化学工业研究社是我国最早的永利制碱公司和久大精盐公司创建的中国最早的民营企业设立的学术研究机构，也是中国首个近代化工研究机构，是我国纯碱工业发展中的一大贡献，在中国近代化学工业发展史上拥有光辉的一页。人们贯称永利、久大、黄海为"永久黄"。

黄海化学工业研究社成立于 1927 年，因为建于天津塘沽，面临渤海，汇合百川朝宗黄海而得名，也因为范旭东先生对海的见解和抱负。他在 1927 年初聘请了留学美国回国的孙学悟化学博士到久大盐厂出任化学研究室主任。在此期间共同谋划和组织，同年 8 月在化学研究室的基础上，正式成立了黄海化学工业研

图 5 - 3 孙学悟（1888—1952 年）

究社，成为一个独立的化学工业研究机构，由孙学悟（图 5 - 3）任社长，研究社旧址见图 5 - 4 至图 5 - 6。范旭东和孙学悟等人制定了《黄海化学工业研究社章程》，后在 1931 年成立的董事会上通过。研究工作由盐厂和碱厂的技师兼任，另外还聘请了一批化学家担当研究工作。黄海化学工业研究社历时 30 年的运行，确定研究方向和目标，董事会发挥了重要作用，对化学工业的发展和人才的培养均起到了重大作用。

图5-4 1933年底建成的黄海化学工业研究社

图书馆旧址,至今保存完整

图5-5 黄海化学工业研究社建社在塘沽

与久大精盐工厂毗邻时的门景

　　范旭东和孙学悟重视人才的培养,他们利用"黄海社"广招贤士,延揽人才,同时在社内形成了一种不求名利、只求奉献、潜心做学术研究的作风,营造了一种脚踏实地、精益求精地在科研领域探本溯源的学风。在这宽松向上的环境里,范旭东、孙学悟等言传身教,有很多青年科研人员在做出成绩的同时,个人也得到了锻炼和成长。方心芳、魏文德、王培德、赵博泉四位黄海人,都是从"黄海社"成立之初入社的,在"黄海社"这一沃土里得到了培养。中华人民共和国成立后,分别成为国家化工部门或企业的负责人。"黄海社"即使在经费最困难的时期,仍然出资选派赵博泉、吴冰颜、魏文德、孙继商、郭浩清、萧积健等人出国进修学习,这不能不说是慧眼独具、高瞻远瞩之举,乃至后来受到周恩来总理的赞誉:"永利是一个技术篓子。"

　　中华人民共和国成立后,孙学悟感受到人民政府和社会的重视与支持,看到

图 5-6　20 世纪 30 年代黄海化学工业研究社的

化学分析室内景

新中国蓬勃发展的气象，积极促成"黄海社"加入中国科学院。经"黄海社"董事会通过后发函申请，中国科学院于 1952 年 2 月以（52）院调字第 0680 号公函同意接管，"黄海社"改称"中国科学院工业化学研究所"，并任命孙学悟为所长。

正当孙学悟振奋精神要为新中国大干一番之际，却被癌症击倒了，病魔无情地夺去了他的生命。1952 年 6 月 15 日，孙学悟离开了他无比热爱的化工科研事业，离开了无比尊敬他并共同奋斗多年的亲人和同人挚友，享年仅 64 岁。

历史证明，没有科学技术就没有永利、久大的昨天，没有科学技术就没有化学工业的今天和明天。

二、大连化工研究设计院

大连化工研究设计院位于大连市高新园区，原名为化工部制碱工业研究所，始建于 1959 年，由著名制碱专家侯德榜提议定名。数十年来几经调整，1994 年更名为化工部大连化工研究设计院，1997 年 7 月根据国家对科学事业单位的要求转制为企业，隶属于中国昊华化工（集团）总公司。

大连化工研究设计院几经沿革走到今天，其前身为大连化工厂综合研究室，1951 年即开始联合制碱工业技术研究。1958 年 12 月，化工部将大连化工厂的综合研究室并入大连设计分院，改名为大连化学工业设计研究分院，内设氨、碱两科。这时，制碱科研的基本力量已经形成，故确定此时为制碱研究所的成立时间是合适的。1959 年 10 月，改名为大连化学工业公司设计研究分院。1965 年，化工部进行体制改革，设计研究分家，大连化学工业公司设计研究分院的设计部分内迁成都成立化工部第八设计院；研究部分在化工部副部长侯德榜的关心下，同大化氨、碱两厂中央试验室的科研组及化工试验车间合并组成化工部大连制碱工业研究所，成为全国制碱工业研究基地。"文革"期间，隶属关系几经变更。1982 年 11 月，重新归属化工部领导管理。化工部纯碱工业科技情报中心站、纯碱工业环保协作网均设在该院，该院是中国化工学会无机酸碱盐学会纯碱学组的挂靠单位，也是中国纯碱工业协会承办单位之一。

该院的天然碱研究组成立于 1958 年，是国内最早从事天然碱开发研究的单位。多年来曾对内蒙古天然碱矿进行过直接焙烧试验、多温分离试验、苛化制烧碱及影响烧碱质量试验、直接碳化制小苏打试验、半碳化制倍半碱试验、多温分离及制一水碱试验、加压湿分解室内模拟和中间试验；含硝盐联合制碱、大布苏湖水氨法制碱、芒硝联合制碱和热法氯化铵试验。为配合内蒙古查干诺尔、河南吴城盐碱矿的开发建厂，做了大量的生产查定和室内补充试验，提供了可靠的设计数据。段志骙、彭承美、管锡永、戴福生、张大钧等专家都曾在该组进行过研究工作。该组近年来进行重碱加压湿分解直接制重质纯碱的研究及芒硝制碱联产硫酸钾的研究，又开发研制了硅酸盐系列产品。

大连化工研究设计院原为纯碱制造技术的专门科研设计单位，对纯碱生产工艺、设备、自控、防腐、分析、节能降耗技术均做了大量课题研究。为配合我国第一套联合制碱生产装置设计，先后完成了氯化铵结晶机理研究的工业试验、先冷析后盐析的外冷结晶试验，氯化铵结晶逆料流程、喷射吸氨、设备防腐等科研项目；20 世纪 60 年代为中小碱厂建设开发了原盐制碱、加压碳酸化、高效澄清、沸腾煅烧、沸腾干铵等新技术；20 世纪 80 年代为大型碱厂设计进行了石灰纯碱法盐水精制、碳酸化塔冷却小管选材、滤碱机用金属滤网、固相水合法制重质纯碱、沸腾凉碱等技术的开发研究，进行了钛材设备管道的应用研究、氯丁胶乳水泥砂浆的建筑防腐研究。为配合生产过程分析开发了 PIM－791 玻璃电极钠离子计、TNJ－1 型陶瓷电机钠离子计、ZCY－1 型碳酸化转化率仪、KH 型二氧化硫测试仪等在线检测仪器。研制成功了 ZL 系列重碱助滤剂、ABP 系列氯化铵防结块剂产品。这些成果绝大部分已用于纯碱厂的生产。多年来，由大连化工研究设计院设计的中型纯碱厂和其他化工厂 20 余家，取得科研成果 300 余项，产品 20 余种。火箭推进剂、低盐重灰等研究项目获国家科技大会奖，荣光增白剂和防结块剂系列产品获化工部科技进步奖。

现在，大连化工研究设计院的主要科研领域为纯碱及其他无机产品生产技术研究，化工过程中结晶及产品的表面处理、防结块研究、化工设备、厂房防腐蚀与清洗研究，以塑料助剂为主的精细化工产品的合成、医药、农药、染料中间体的制备研究，生物化工产品的开发等。大连化工研究设计院具有工程设计乙级资质，外贸自营进出口权，大连大成化工有限公司由大连化工研究设计院控股。中国纯碱工业协会信息部设在院内。由大连化工研究设计院主办的《纯碱工业》《精细化工》杂志面向全国和世界发行。

现在，大连化工研究设计院已由纯碱技术开发的专业科研单位发展成为集信息、科研、设计、生产、经贸于一体的高科技企业，将以崭新的面貌服务于纯碱行业。

三、中国成达化学工程公司

中国成达化学工程公司始建于 20 世纪 50 年代，即原化工部第八设计院，也是纯碱工业的专业设计部门。前文在大连化工研究设计院的介绍中，对其变革做了叙述。经过几十年的努力奋斗，现已成为以设计为主体，实行工程总承包的国际型工程公司。

该公司是全国首批试行以设计为主体的工程总承包单位。先后承担过国内纯碱、氯碱、合成氨、尿素、炭黑、甲醇、聚苯乙烯、丁苯胶乳等项目的工程总承包，并向巴基斯坦、印尼、乌兹别克斯坦、苏丹等国家和地区出口成套设备，以及承担工程设计、设备材料采购、施工管理和试车指导。公司拥有一批专利及专有技术，在国内占有领先优势，工程项目计算机集成系统的开发和应用在国内外颇有影响，在行业中 300 余项成果获得国家、部、省级奖励。

公司在全国勘察设计行业中率先实行设计体制改革，与国际接轨，瞄准国际市场，与国外数十家公司，特别是美、英、日、法、意、德、荷、韩等国著名的公司和专利商进行过卓有成效的合作；先后在印尼、巴基斯坦等国家和地区成功地建设了电站、漂粉精、纯碱、烧碱等 10 多个工程项目，为国家化工装置成套出口开辟了先河。

公司以创建国际型工程公司为目标，以功能全、实力强、效率高、质量好而闻名中外。1993 年，公司被国家建设部、国家统计局、中国建设企业评价中心定为"中国勘察设计综合实力百强单位"第四名；1992 年、1998 年，国家对外贸易经济合作部先后授予公司对外经营权、对外工程承包权和进出口经营权；1995 年，公司通过了 ISO 9001 质量体系认证；1995 年至 2002 年，公司数度进入被国际权威机构公认的世界 225 家最大的国际工程承包公司和 200 家国际设计公司排名榜。

四、其他研究、设计单位介绍

除上述三家建立较早的纯碱工业研究设计单位外，还有建立于 1979 年 5 月

16 日的内蒙古伊克昭盟化工研究所（今伊克昭化工研究设计院），以及建立在高等院校中的研究机构。如内蒙古工学院组建于 1974 年，1984 年正式成立天然碱与无机盐研究室。1993 年改为内蒙古工业大学精细化工研究所。还有成立于 1980 年的郑州工学院天然碱研究室，后改为制碱工业研究室。此外，还有化工部第一设计院（后改为天辰工程公司），也承担了国内外大型纯碱厂和天然碱加工厂的设计和建设。这些研究机构对中国乃至世界的纯碱工业发展均起到了重要作用，做出了重要贡献。

第五节　纯碱工业教育

我国化学工艺方面的成就有悠久历史，因此，我国化学工艺教育起步较早，但并没形成教育体系。到 20 世纪初，有大批留学人员如侯德榜、刘树杞、吴承洛等学成回国，加入化工教育行列。此时，一些高等工业院校设立了工业专科，酸碱工业就是其中之一。

一、纯碱工业大中专院校

1920 年，全国有十几所高等工业院校开设化工课程，其中就有酸碱工业，尤其是纯碱与烧碱的课程。到 1940 年，有 16 所大学设立化工系。如北京大学、清华大学、北洋大学、河北工学院、燕京大学、浙江大学、南开大学、四川大学、交通大学、中山大学、东吴大学、大连大学等。此外，革命圣地延安也创办了自然科学院，其中化学系最为优越，由国内外大学毕业生担任教师，如陈康白、李苏、王士珍等。系内还设有实验室，其中就有关于纯碱、玻璃、火药等的研究。

1949 年中华人民共和国成立后，化工教育事业蓬勃发展，尤其是 1952 年院系调整后，重点发展、充实教师队伍和教学设备等，充实完善了十几所重点院校的化工系，如天津大学、浙江大学、华东化工学院、成都工学院、大连工学院、太原工学院等。这些院校化工系均设有无机物工学专业，并设纯碱与烧碱专业课。到 1984 年，设有相关专业的高等院校达到 40 余所，如北京化工学院、河北工学院、内蒙古工学院、郑州工学院等。与此同时，也有大批中等专业学校成立，如天津化工学校、北京化工学校、杭州化工学校、淮南化工学校、上海化工学校等 20 余所，设有无机化工专业并开设纯碱课程。

二、教材和教师队伍

在化工院系加强建设的同时，也编写了统一的教材和形成了专业的教师队伍。一开始无固定教材，而是以有关国外专业教科书和专业书籍的中译本为主，并有自编教材。1958 年以后形成了统一教材，由有关院校联合共同编写教学大纲和教科书，如《纯碱与烧碱》《纯碱工艺学》等及教学参考书。中等专业学校也有统一的教学大纲和教科书。

1988 年以后，由于各院校和研究机构增设了专业研究生，专业教材也扩大了范围，包括一些专业书籍，如《纯碱工学》等。

全国有关院校均有专职主讲教师，全国形成了一支庞大的专业教师队伍。如汪家鼎院士、华克刚教授、郭炳琛教授、陈五平教授、吕秉玲教授、施亚钧教授、支继武教授、苏裕光教授、杨国兰教授、傅嘉玲教授、沈曼丽教授等近百位教师。他们培养了大批优秀人才，充实了纯碱工业的技术力量，为中国纯碱工业的发展做出了杰出贡献。

三、化工教育出人才

上述近百所大中专院校，培育了大批技术人才和管理干部，充实了纯碱工业，使各纯碱企业及有关设计、研究机构出现了许多著名纯碱专家和化工专家。他们发明了新装置、新设备、新工艺和新的管理模式等，获得了国家专利 100 余项和多项创造发明奖。还有许多纯碱工业专家，如周光耀院士、王全教授等及许多后起之秀。

目前，我国有关的纯碱企业、科研、设计院所等部门，有大量的技术人才和管理人才的支撑。这些优秀人才是化工教育的成果，为工业部门输送了人才，这些工业部门造就了人才的成长，使我国纯碱工业后继有人，长期立于不败之地，永远保持世界纯碱工业大国的地位。

第六章 纯碱工业大事记

1917 年

1917 年冬，范旭东等人在天津进行的制碳酸钠试验获得成功。

1918 年

1918 年 11 月，在天津召开了永利制碱公司成立大会，确定建厂规模为日产 40 t 纯碱。

1919 年

1919 年冬，永利碱厂在天津塘沽破土动工。

1920 年

1920 年 5 月，永利公司成立董事会，选周作民为董事长、范旭东为总经理。

9 月，农商部批准注册，定名"永利制碱公司"，设厂于塘沽，采用索尔维制碱法，特许工业盐免税 30 年。并规定公司股东以享有中国国籍为限。"红三角"牌为商标，商标局核准注册。

1924 年

1924 年 8 月 13 日，永利碱厂试车出纯碱，揭开了东亚纯碱生产史的第一页。

1926 年

1926 年 6 月，永利碱厂正常生产，产品碳酸钠含量超过 99%，范旭东给产品定名为纯碱。

8 月，永利"红三角"牌纯碱在美国费城的世界博览会上获得奖章。

1930 年

1930 年，永利"红三角"牌纯碱在比利时工商国际博览会上荣获金奖。

1933 年

1933 年，侯德榜在美国纽约出版专著 *Manufacture of Soda* （《纯碱制造》），它是世界最早的制碱权威专著。

1937 年

1937 年，日本侵略军强占永利碱厂，范旭东拒绝合作，并撤离塘沽。

1938 年

1938 年，永利碱厂迁址四川五通桥，侯德榜拟订新法制碱全面计划。

1941 年

1941 年 3 月 15 日，新法制碱试验成功，定名"侯氏碱法"（译称 HOU'S PROCESS），标志着世界制碱工艺的新突破。

1943 年

1943 年，范旭东亲自拟订"十厂计划"，以求战后振兴中国化工。

1945 年

1945 年 10 月，范旭东在重庆病逝。毛泽东主席亲笔书写挽幛"工业先导，功在中华"。

同年，侯德榜担任永利化学工业公司总经理。

1949 年

1949 年 1 月，国民政府以京工（38）字第 1056 号通知核准"侯氏碱法"专利 10 年。

1 月，塘沽解放。永利碱厂恢复生产，当年生产纯碱 4 万 t。

5 月 6 日，刘少奇副主席视察天津永利碱厂。

6 月 1 日，朱德总司令视察天津永利碱厂。

7 月，周恩来副主席在北京永利办事处看望侯德榜，祝贺他回到祖国。

7 月，毛泽东主席接见侯德榜，倾听侯德榜对复兴中国工业的意见及范旭东建设十大化工企业的设想。

11 月，内蒙古伊克昭盟察汗淖、纳林淖、哈玛尔太淖三处天然碱矿（年开采量 1 750 t，生产锭碱 1 000 t）由鄂托克旗人民政府接管。

11 月，在重工业部的组织下，侯德榜等专家到大连化学厂参观指导，鉴于化学厂与碱厂仅一墙之隔，南碱北氨具有采用侯氏制碱法的有利条件，遂向建新公司领导建议着手联合制碱的试验，获得同意。公司派大连化学厂厂长秦仲达同志到北京与有关人员共同研究试验车间的建设问题。这是联合制碱在我国获得发展的重要步骤。

1950 年

1950 年 8 月，久大盐业公司总经理李烛尘、永利化学工业公司总经理侯德榜联合向人民政府申请两公司公私合营。

1951 年

1951 年 1 月，东北工业部化工局接管大连碱厂，任命陈力为厂长，当年生产纯碱 65 865 吨，突破日伪时期最高年产量。

10 月，内蒙古伊克昭盟鄂托克旗在察汗淖组建天然碱厂，季节性开采三个碱湖的马牙碱。

1952 年

1952 年 6 月，永利化学工业公司实行公私合营，陈西平任公私合营永利碱厂厂长。

内蒙古自治区海勃湾化工厂在拉僧庙建成投产，以天然碱为原料加工制苛化法烧碱。

1953 年

1953 年 7 月，中央工商行政管理局以"发字 1 号文"给"侯氏碱法"颁发发明证书，有效期为 5 年，发明人为侯德榜。

1954 年

1954 年 4 月 23 日，毛泽东主席视察永利化学工业公司塘沽碱厂，到重碱、煅烧等车间了解生产情况，勉励工人们当好企业的主人。

1955 年

1955 年 1 月，侯德榜应邀赴印度参加印度第 42 次科学协会，发表了《关于纯碱和氯化铵联合制碱新法》的论文。

1956 年

1956 年 1 月，内蒙古伊克昭盟公署决定组建伊克昭盟天然碱公司。

4 月，大连碱厂刘嘉树总工程师根据多年实践经验创造性地研制出以氨水制备母液循环连续作业法生产碳酸氢铵新工艺，该装置正式投产，并获国家新产品试制成果奖。

6 月，中华化学工业协会和中国化学工程学会合并，成立中国化学工业与化学工程学会（简称中国化工学会），侯德榜任主任委员。

永利沽厂石灰窑以白煤代替焦炭为燃料，获得成功。

大连碱厂窑气除尘采用电除尘成功，使窑气含尘量由 40 mg/m³ 降到了 6 mg/m³。

1953 年至 1956 年，大连碱厂和永利沽厂都在进行一期扩建。以陈力、王宗岩为大组长，刘嘉树任总设计师的设计大组集中了张佐汤、王楚、刘季芳等国内知名专家，使两厂的扩建设计在技术上有重大突破。首次采用了若干新型及大型设备，如：2 500 mm 碳酸化塔、13.5 m² 滤碱机、φ15 000 mm 盐水澄清桶、φ15 000 mm 三层洗泥桶代替板压滤机、φ4 500 mm 石灰窑、CO₂泡沫洗涤塔、3ВГ 电动双缸

CO_2 压缩机以及 $\phi 2\,800$ mm 蒸氨塔（永利沽厂）、$\phi 2\,500$ mm 外热式煅烧炉（大连碱厂）等。

1957 年

1957 年 1 月，化工部领导接受侯德榜关于继续进行侯氏碱法中间试验的建议。彭涛部长指出，"借鉴外国经验要结合国情，不能因为外国不搞我们也不搞"，指示大连化学厂和大连碱厂要继续进行侯氏制碱法的中间试验。侯德榜亲赴大连召开会议，落实设备整修进度和充实试验车间技术力量等有关事项。

5 月，侯氏碱法的中间试验在侯德榜的领导下，在继永利创立和大化前几年开展室内基础研究的基础上又恢复了全面试验工作。中间厂当月开工。根据课题安排，连续运转两年多，写出多份试验报告。刘汉凤、杨盛烈、傅孟嘉、刘德成等参加了试验全过程。此次试验对确定流程、选择设备、制定工艺条件、提出原盐质量要求均进行了深入研究与全流程考验，同时培养了一批熟练工人和专责技职人员，为侯氏碱法从实验室进入工业化大生产打下了坚实的基础，也给即将开始的大厂设计提供了依据。

中间厂开工前后，大化中央试验室同时再次组织了室内试验查定组，以卢作德、赵树仁为主在段志骙的统一领导下配合中间厂做了大量工作（段志骙任综合研究室副主任、兼任联碱车间工艺师）。1952 年至 1958 年，室内试验及中间厂共完成试验报告 73 篇。

7 月，化工部决定将大连化学厂与大连碱厂合并为大连化工厂。

11 月，化工部决定以大连化学厂、大连碱厂设计科为基础和化工部设计院纯碱工业部分技术人员组成大连化工设计分院。

12 月，化工部副部长侯德榜率领中国化工考察团赴日本。考察团成员有刘嘉树、黄鸿宁、方德巍等，考察团对日本的联合制碱进行了范围有限的考察。

1958 年

1958 年 1 月，化工部部长彭涛召开兴办小型氮肥厂的技术讨论会。

4 月，国务院批准新建青岛化肥厂（后改为青岛碱厂），年产 8 万 t 纯碱。

台湾地区建立东南碱业股份有限公司苏澳厂，最终生产能力为 14.5 万 t。2002 年停产。

3 月，国务院任命侯德榜为化学工业部副部长。

由李祉川指导设计的 $\phi 1\,000$ mm 内热式纯碱煅烧炉在大化中间厂投入运行，为以后放大炉型获取了经验。该试验项目获 1978 年科技大会奖。

12 月，化工部决定组建大连化学工业设计研究院。

我国第一套年产 16 万 t 联合制碱工业装置在大连化工厂破土动工。

1959 年

1959 年 2 月，国家计委批准四川自贡鸿鹤化工总厂建设 8 万 t 氨碱装置。1960 年 12 月投产。

1959 年春，化工部副部长侯德榜到内蒙古各碱湖看望冬季作业的职工，并就发展伊克昭盟天然碱工业做了重要指示。化工部拨款支持"天然碱碳化试验""天然碱脱水试验"和"二层碱洗涤试验"三个项目。

8 月，由侯德榜编写、郭沫若作序的《制碱工学》出版，该书分上下两册，是侯德榜继 20 世纪 30 年代出版《纯碱制造》后的又一巨著。

我国第一套大型联碱装置的设计在李祉川、王楚等专家的组织下完成，并已在大化进入施工阶段。设计中采用了中间厂推荐的一次碳化、二次吸氨、一次加盐流程。氯化铵部分摒弃桶管式，采用了外冷器循环降温、冷盐析分开的设计。为了进一步摸清制铵部分存在的问题，在大厂建设的同时，设计院与中间厂联合设计了一套日产 10 t 的小型装置，称"仿 OSLO"型结晶器，并于年底竣工，试生产几个月得出几条较为重要的指导性意见，即：母液循环要采取大流量、低扬程的轴流泵（中间厂用普通离心泵）；要严格遵守循环倍率概念；成品取出要有母液洗涤；外冷器必须搞好防腐等。这些指导性意见的实施与突破留给了大厂。

1960 年

1960 年 2 月，中国政府与阿尔巴尼亚政府签订援助协定，由中国化工部承担的援建项目有氮肥厂、磷肥厂、纯碱厂等。

1961 年

1961 年 7 月，担任佛罗拉纯碱厂建厂任务的永利沽厂派员出国选厂，1964 年完成设计施工图，1965 年先后派出汤玮、项伯鹏等 60 多人参与安装及开工，1967 年 1 月投料试车一次成功。该厂规模为：纯碱 1.5 万 t/a，烧碱 0.5 万 t/a，是该国唯一的纯碱厂。

1961 年 9 月，我国自行设计、自己制造设备的大型联碱工程在大化开始试生产。为了缩短战线，尽快突破薄弱环节，在一过程尚未安装完成的情况下，利用该厂老碱部分制碱设备与新安装的二过程联动开车。设计人员、安装人员与生产人员组织在一起，由试车委员会统一领导，继承了该厂碳化小组三结合技术研究会的传统，边攻关、边改进、边完善。在侯德榜十六次亲临现场的指导下，终于解决了设计放大和无现成经验参考带来的问题，先后闯过了连续关、质量关、产量关和经济关，在技术上实现了以下突破：解决了外冷器的作业、似热氨母液清洗及切断问题；找到了结晶系统采用热固化防腐及局部衬橡胶延缓腐蚀的办法；成品取出采用增稠洗涤流程，确保成品质量；盐及氯化铵分离设备过关

(WH-1200 型分离机首次采用)；母液换热流程及设备结构确定；洗盐粒度的确定及其流程定型化和设备大型化，即前卧洗后立洗中间采用大型球磨机粉碎流程；若干设备过关，如：δS 碱泵，无下瓦轴流泵、$\aleph N_3$ 晶浆泵等；整个工艺条件进一步规范，在原有 α、β 之后新加 γ 值。在三年试生产中，由杨盛烈执笔完成了三个阶段的试生产总结，是国家鉴定时的主要技术文件。

1962 年

1962 年 5 月，侯德榜副部长视察自贡鸿鹤化工厂，对工艺设计、设备安装、操作技术提出了重要改进意见。

7 月，杭州龙山化工总厂年产 5 000 t 纯碱的氨碱装置建成投产。

12 月，由侯德榜、魏云昌编的《制碱工业工作者手册》由化学工业出版社出版。侯德榜向中国科学院院长郭沫若赠送此书，郭院长回赠《郭沫若文集》四卷。

1963 年

1963 年，《化工技术资料——纯碱专业分册》创刊。在出版 23 期后改名为《制碱工业》。1972 年曾用名《制碱工业简讯》，1978 年再次改为《纯碱工业》，确定每年 6 期，并有增刊。《纯碱工业》是纯碱行业的核心刊物，坚持为行业服务的宗旨，立足于交流与推广技术。对推进行业的发展贡献很大。原由制碱工业研究所主办，1987 年后增加中国纯碱工业协会为主办单位。到 2012 年已出版206 期，成为纯碱工作者最喜爱的刊物。《纯碱工业》是中文核心期刊，也是美国《CA》摘用期刊，引用频率很高，是纯碱工业信息的主要来源。

1964 年

1964 年 12 月，国家科学技术委员会组织有关单位和国内知名专家对大化公司负责研究试验的"联合制碱"技术进行国家级鉴定，并发给鉴定证书，正式命名为联合制碱法。

1965 年

1965 年 1 月，化工部调整设计机构，将西南化工设计研究院的设计部分定名为第八设计院，首任院长王宗岩。纯碱专业设计人员由大连迁去。

1965 年，内蒙古地质局发现查干诺尔碱矿。1974 年，燃化部派领导干部和技术人员赴现场研究资源及开采、加工等问题。1985 年，碱矿加工厂初步设计通过审查，采矿能力每年 50 万 t；小苏打 5 万 t/a；烧碱 5 万 t/a。1989 年，查干诺尔碱矿小苏打投入生产。

2 月，化工部调整科研机构，将大连化学工业公司设计研究院的研究部分、化肥厂、碱厂的中央试验室研究组合并为化工部制碱工业研究所，并确定以氨碱、联碱、天然碱为研究方向。负责人为朱心才，技术负责人段志骙。

由制碱工业研究所研制的"氯化铵结晶器逆料流程新工艺"通过化工部组织的鉴定。该技术于 1975 年在大化公司用于大生产。并于 1978 年获全国科技大会奖。此技术已在全国推广。

1966 年

1966 年 2 月，化工部化肥公司组织召开的"纯碱技术革命会战会议"在天津召开，原永利沽厂首任厂长、化肥公司经理陈西平主持会议，并做了报告。这是我国纯碱历史上一次空前的大会，老少四代制碱工作者同堂讨论并通过了"纯碱技术革命纲要"，成立三大战区，拟对变换气制碱、真空结晶、高效澄清、原盐粉碎、沸腾煅烧等 20 多项新技术进行开发研究。后因"文化大革命"使这项计划没有完全按时实现。但不少项目在以后陆续得以完成。纯碱技术革命会战在我国纯碱工业技术发展中起了重要作用。

然后出版了《纯碱技术革命会战成果汇编》，这些成果大部分在纯碱生产中得到应用。

5 月，根据侯德榜副部长指示，大化组织了冷析结晶器直接抽取工业氯化铵的试验，并取得成功。1967 年实现了工业化生产，并向有关工厂推广，充分体现出我国联合制碱独具的特色。

1966 年冬，青岛化肥厂根据化工部化肥公司下达的"一次性生产重灰同时进行煅烧炉无返碱研究"的任务，组织攻关，在无返碱试验过程中，试验人员设想利用煅烧炉的自身旋转将煅烧后的纯碱带回炉头作为返碱以取代运碱设备，经过一年努力获得成功。主要收获是：返碱管的最佳螺距和螺旋角、测得的填充率、验证的螺旋管输送能力公式等，指导了日后自身返碱蒸汽煅烧炉生产装置的设计。此项技术获得尤利卡发明奖。

1968 年

1968 年 6 月，国家计委批准建设湖北省化工厂，该项目以地下岩盐为原料，是一个盐、碱、肥联产，热能综合利用的新型化工厂。建设规模为纯碱、氯化铵各 18 万 t，合成氨 6 万 t，精盐 25 万 t。1970 年 4 月开工建设，当年 6 月水采矿区第一口水采盐井试验成功。1971 年生产出固体盐。全部工程于 1978 年 2 月完工并试车，生产出合格产品，但由于种种原因生产不太正常，1980 年化工部根据其设备实际状况，核定能力为纯碱及氯化铵各 10 万 t/a。

7 月，前进化工厂更名为天津碱厂。

1970 年

1970 年 2 月，上海浦东化肥厂年产 1 万 t 联碱生产装置建成投产，这是我国第一套采用变换气制碱的小联碱装置。后该厂改名为上海浦东化工厂。1987 年，能力扩大为年产 4 万 t。该厂工艺技术是中国独具特色的制碱工艺。采用此技术的还有连云港化肥厂、冷水江制碱厂、石家庄联碱厂等。

3月，化工部在上海召开核留外汇会议，确定利用核留外汇资金，资助地方建设一批小联碱厂。

附：核留外汇补贴建设小联碱厂建设情况：

共布点64个，其中建成29个，占布点厂数的45.3%。

建成后未开车生产的有4个，这些厂是：新疆昌吉化肥厂、河北霸县化肥厂、河北满城化肥厂、广东湛江化肥厂。

建成后开车生产的共25个，这些厂是：北京化工实验厂、石家庄化肥厂、太原化肥厂、山西襄汾化肥厂、辽宁北镇化肥厂、牡丹江化工七厂（氨碱法）、浦东化肥厂、连云港化肥厂、南京支农化工厂（氨碱法）、安徽合肥化肥厂、安徽淮南化肥厂、江西氨厂、济南化肥厂、柳州化肥厂、株洲合成氨厂、冷水江制碱厂、郑州化肥厂、陕西兴平纯碱厂、辽宁营口海水化工厂、河北获鹿化肥厂、广州氮肥厂、广东石岐氮肥厂、山东酒精总厂、山东东风化肥厂、吉化公司化肥厂。

6月，燃料化学工业部成立，化肥生产组归口主管纯碱。

12月，河南郑州化肥厂年产1万t联碱生产装置建成投产。1988年，能力提高为年产4万t。1993年12月进行体制改革，成立郑州水晶股份有限公司。

1971年

1971年4月，江苏连云港化肥厂年产1.2万t新型联碱装置建成投产，该项目采用了加压碳化、喷射吸氨、真空结晶、高效澄清、原盐粉碎、沸腾煅烧等制碱新技术。1978年12月经更改工艺路线、更换主要设备后，生产能力确定为1.5万t，后又提高到4万t。

9月，建于中型氮肥厂江西氨厂内的年产5 000 t小联碱装置投产，后于1979年停工，1987年8月新建4万t联碱开车。

9月，济南山东酒精总厂利用发酵气CO_2作为制碱原料（合成氨外购）而建设的年产2 000 t联碱装置开工，一直生产到1988年才停工。

河南地质四队在河南桐柏县发现吴城盐碱矿，该矿为倍半碱结构。1976年盐碱矿建矿，打试验井进行水采试验。1978年对井压裂成功。1984年年产5 000 t重质碱装置投产，后扩大能力为年产6万t。

1972年

1972年2月，安徽合肥化肥厂年产5 000 t小联碱装置建成投产，1986年改造扩大为4万t/a规模。

7月，使用陕西兴平化肥厂氨及二氧化碳而建设的年产5 000 t小联碱装置开车，该厂定名为兴平碱厂。1980年划归兴平化肥厂管辖，为纯碱分厂。1986年，扩大能力为年产 2 万 t。

10 月，燃化部发布"浦东化肥厂小联碱企业暂行标准"，各厂按此标准考核产品质量，执行到 1982 年年末。

10 月，吉林省乾安县大布苏天然碱加工厂建成投产，设计能力为年产 1.2 万 t 纯碱。该厂以湖水日晒浓缩制卤，再以石灰窑气碳化而制碱，因 CO_2 利用率太低，成本居高不下，后改氨法制碱，1986 年投产，生产水平大致 0.6 万 t/a。

12 月，湖南冷水江制碱厂年产 1.2 万 t 联碱装置投产，化工部第八设计院在设计中采用了当时的许多制碱新技术，如 12 kg/cm^2 加压碳化、自身返碱蒸汽煅烧炉等，是较完整地把合成氨生产与联碱生产结合起来的生产性示范装置。1987 年扩大能力为年产 4 万 t。

12 月，由化工部第八设计院设计的湖南冷水江制碱厂投产。该厂设计中首次采用的新技术是：1.2 MPa 加压碳化，塔体加大用碳钢制造；$\phi1\,800$ mm 自身返碱蒸汽煅烧炉；低压空气密封输送纯碱，连同当时已使用成功的外冷结晶、喷射吸氨、原盐粉碎等，使冷水江碱厂成为具有示范性质的联碱厂。

1973 年

1973 年 5 月，中型氮肥厂山西太原化肥厂内建设的年产 2 万 t 联碱装置开工生产，后于 1993 年能力扩大为年产 4 万 t。

10 月，化工部副部长侯德榜主持年产 1 万 t 小联碱定型设计审议会。到会的有：羡书锦、李祉川、谢为杰、刘嘉树、范柏林、段志骙、王楚、李世昌、卞立本、吴佩文、戎寿昌、张侃若、叶铁林、罗蜀生等人。侯部长明确指出，小联碱"过两关，打一仗"是紧迫任务，尤其是防腐，过去有过教训，也积累了一些经验，不能重蹈覆辙；加压碳化的压力要在 8 kg/cm^2 以上；沸腾煅烧有不少优点，但汽耗降不下来则不能推广；小联碱应完善工艺，以重碱为最终产品是没有出路的。

1974 年

1974 年 8 月 26 日，化工部副部长、第三届全国政协常委、著名科学家侯德榜同志逝世，终年 84 岁。侯德榜一生不仅用他的知识和技术增进了祖国的物质文明，也以他那艰苦朴实、勤奋进取、无私奉献、执着爱国的高尚情操，给祖国的精神文明增添了光彩。著名科学家周培源将侯德榜尊为"科技泰斗，士子楷模"。

1974 年 9 月，河北石家庄市联碱厂（原名获鹿县申后化肥厂）年产 5 000 t 联碱装置开工生产，1987 年扩建至 2 万 t/a，1990 年再扩建至 4 万 t/a。该厂坚持采用变换气制碱流程，在扩建中搞成多项新技术。

内蒙古工学院成立天然碱研究室，从事天然碱的开发和应用研究。

石家庄市联碱厂针对变换气制碱碳化尾气（实为合成原料气）精制度经常波动、影响全厂生产的问题，采取了"串塔"流程，这一措施对保证连续生产、增强碳化塔清洗效果、降低尾气 CO_2 含量均有明显效果，后来推广至其他厂。

1975 年

1975 年 4 月，四川自贡鸿化厂氨碱法生产装置停工。当年 5 月新建合成氨车间开工，9 月新建的联碱装置开工，年底交付生产。

6 月，广东省石岐氮肥厂年产 1.2 万 t 小联碱装置投产，1979 年停工。

6 月，在内蒙古丰镇召开了天然碱会议。讨论加工芒硝碱方案。同年 7 月化工部在北京召开了河南天然碱开发讨论会。

8 月，吉化公司化肥厂内建设的联碱车间建成投产，生产能力为 1.2 万 t/a。由于管理得当各项指标都很好。后借厂房大修之机易地重建，规模扩大为年产 4 万 t，于 1991 年投产。

山东济南化肥厂（中型氮肥厂）内建设的年产 1 万 t 小联碱装置建成投产。1990 年停工。

1976 年

1976 年 1 月，河南焦作化工三厂新建年产 5 000 t 氨碱法纯碱装置开工生产。该厂是由建于 1958 年的焦作市石料厂逐步发展而成为综合性化工企业的。于 1985 年扩建至年产 2 万 t，1987 年扩建至年产 4 万 t，1995 年扩建至年产 40 万 t。该厂曾采用若干新技术、新设备，在综合利用方面做出了很大成绩。是同时期建设的小型氨碱厂中管理较好、能坚持生产的厂。

6 月，在中型氮肥厂柳州化肥厂内建设的年产 2 万 t 联碱装置建成开车。1980 年扩大能力为 4 万 t。

7 月 28 日，唐山丰南一带发生强烈地震，波及天津碱厂，生产被迫停止。地震造成 8 名职工死亡、61 名职工负伤，厂房建设损坏 107 625m²，主要设备损坏 137 台，损失总值达 2 825.7 万元。化工部派李艺林副部长带队由曹维东、王兴夫、曾能、叶铁林、张文山等组成部工作组随国务院副总理、天津市市长及化工局救灾工作组慰问，并开展灾后重建。经全体职工抗震抢修，当年 9 月 10 日恢复生产。

南阳油田在与吴城碱矿毗连的泌阳凹陷钻探油井时抽出了碱卤，后又发现固体碱矿。1992 年规模为 1 万 t/a 的制碱装置投产。该厂定名为石油勘探局天然碱开发公司。

1977 年

1977 年 7 月，杭州龙山化工厂年产 1.2 万 t 联碱装置建成开车。该厂是首先过"四关"的工厂。1985 年扩大为年产 4 万 t 纯碱。1996 年继续扩大为 8 万 t

规模。连同年产2万t氨碱法纯碱,该厂总能力为10万t/a。

1979年

1979年9月,化工部呈送了《关于龙山化工厂小联碱过关情况的报告》,报告在介绍了攻关成果、主要经验之后,着重指出:龙山厂过关的事实说明,小联碱是能站住脚的,是有前途的。在一定时期内小联碱仍然是我国发展纯碱工业的途径之一。

9月,天津碱厂生产的"红三角"牌纯碱连续两年蝉联国家优质产品金质奖。

10月,山东沂源东风化肥厂年产1.5万t小联碱装置建成投产。

10月,湖南株洲市联碱厂年产1万t小联碱装置建成投产。该厂使用近邻湘江氮肥厂的氨及二氧化碳生产纯碱,后因企业调整,由湘氮另在厂内建设一套年产4万t小联碱装置,并于1992年5月开工生产,原株洲市联碱厂的装置遂停用。

第一次纯碱行业情报会在大连召开,会上建立了情报网。至1996年共召开行业情报会议十次。

10月18日,《纯碱工业》第一届第一次编委会在大连召开。至1996年共召开编委会十四次。到2010年为第九届编委会。

《纯碱工业》首届编辑委员会名单

主任委员:王登义

副主任委员:段志骙(常务)、陈宝庆、吕秉玲、王楚

委员:李祉川、杨盛烈、罗建陶、王正华、付孟嘉、华克刚、张晨鼎、卢作德、周光耀、姜国珍、戎寿昌、章安琪、吴西纯、叶铁林、郭如新、刘金山

1980年

1980年1月,鉴于纯碱行业几个老厂设备、厂房严重失修,国家经委与国家计委共同商定并分别批办了大化、天碱、青岛三厂的恢复性大修计划任务书,接着安排项目报批初步设计,当年全部动工。由于投资安排的分工不同,大化有一部分项目列为"增建联碱三系统及相应公用工程"(基建)。

1981年

1981年6月,由化工部第八设计院设计的自贡鸿化厂氨碱改联碱工程,获20世纪70年代国家优秀设计奖。该工程为国内第一个完全独立的大型联碱装置,解决了水平衡难题,首次采用烟道气清洗碳化塔,在国内纯碱行业中率先实现了自动化控制(部分自控,部分遥控),碳酸化塔、结晶器等采用露天和敞开布置。

1983年

1983年3月,国家计委批准建设山东寿光纯碱厂(后改潍坊纯碱厂)。该厂

采用氨碱法制碱，规模为年产纯碱 60 万 t，其中含重质纯碱 20 万 t。1985 年国家批准由原民主德国施塔斯福特化机厂购买碳酸化塔、煅烧炉、滤碱机等三种 18 套制碱设备。该项目于 1986 年 4 月正式开工建设，1989 年 6 月 14 日生产出产品。1991 年达到设计能力，1994 年通过国家验收。

5 月，全国纯碱行业纯碱产品质量评比会评比结果揭晓：第一名天津碱厂；第二名青岛化肥厂、大化公司碱厂；第三名杭州龙山化工总厂；第四名自贡鸿化厂。在全国第六次"质量月"活动的授奖大会上，天碱"红三角"牌、青岛"自力"牌、大化"工联"牌纯碱获得金牌。

7 月，国家计委批准建设江苏连云港碱厂。该厂采用氨碱法制碱，规模为年产纯碱 60 万 t，其中包括重质纯碱 40 万 t。该项目 1986 年 9 月开工建设，1989 年 10 月 25 日建成投产。

7 月，国家计委批准天津碱厂进行扩建，总规模由 45 万 t/a 扩大到 60 万 t/a（其中 15 万 t 为联碱）。该项目 1985 年 7 月开工建设，1987 年 10 月建成投产。

7 月，化工部主持召开的年产 60 万 t 纯碱厂设计方案讨论会在连云港举行，会议对制碱原料（盐、石灰石）的质量、盐水精制方法、主要设备选型及材质、供热方案、厂房合并等问题进行了讨论，并研究了各建设项目所提的引进项目建议书。

12 月，石家庄化肥厂建设的年产 2 万 t 纯碱的小联碱装置开车。

1984 年

1984 年 6 月，伊克昭盟化工研究所以天然碱（日晒碱）溶解法生产纯碱线建成投产，设计规模为年产纯碱 1 万 t。

7 月，国家计委批准四川自贡鸿化厂扩建方案，要求合成氨达到 9.6 万 t/a，纯碱及氯化铵各达到 28.5 万 t/a。该项目 1989 年建成，1990 年 12 月交付生产。

12 月，天津碱厂恢复性大修工程结束并竣工验收，核定总生产能力为年产纯碱 45 万 t（含联碱）。

1985 年

1985 年 1 月，国家计委批准建设唐山碱厂（即南堡碱厂），采用氨碱法制碱，规模为年产 60 万 t，其中含重质纯碱 40 万 t。该项目 1986 年 9 月动工兴建，1989 年 9 月 26 日试车成功。1992 年 11 月通过生产考核，1994 年 12 月竣工验收。

自贡鸿化厂联碱由 9 万 t 改造到 13.5 万 t 工程项目，被评为国家优秀设计金奖。

四川省新都县氮肥厂年产 4 万 t 纯碱及氯化铵小联碱装置开工建设，该项目由第八设计院承担设计，设计中采用了外冷碳化塔等多项新技术，几乎包括了小联碱开工以来研制成功的所有新设备、新材料。该厂的联碱装置使小联碱技术登上新台阶。该项目1986年1月建成投产。

3月，连云港化肥厂2万t/a水合法重质纯碱生产示范装置投入运转。该项技术由制碱工业研究所开发，并通过化工部鉴定。

5月，河南巩县（现巩义市）碱厂投产。该厂采用氨碱法制碱，规模为年产纯碱3万t，经不断扩建，1995年已达10万t能力。该厂系村办企业，1991年改名为巩义市碱厂。

6月，国家计委批准新疆哈密碱厂项目建议书，采用氨碱法制碱工艺，规模为年产纯碱8万t。该项目1990年6月动工兴建，1993年8月9日化工投料试车成功。1995年12月竣工验收。

8月，大连化学工业公司恢复性大修工程竣工验收，核定纯碱总生产能力为65万t/a，其中氨碱法45万t/a，联碱法20万t/a。

8月，由化工部、贵州省、重庆市和重庆氮肥厂共同集资兴建的重庆氮肥厂联碱装置开工建设，规模为4万t/a，1988年3月建成投产。后扩大为6万t/a。1992年更名为重庆碱胺实业总公司。

10月，甘肃金昌化工总厂纯碱厂新建年产3.8万t纯碱及氯化铵工程建成投产。该厂是我国最西部的联碱企业。后扩建为5万t，1995年扩建为10万t/a。

12月，江苏省张家港化肥厂年产1.5万t小联碱装置建成投产，1993年扩大为年产4万t。1993年更名为江苏省华昌集团公司。

1986年

1986年3月，化工部在四川自贡召开全国纯碱生产技术年会，会上总结了"六五"期间纯碱行业的十件大事，即：纯碱产量年增长率为4.8%；纯碱产品获三枚金牌、两个部优；全行业利润增长1.1倍；恢复性大修结束；纯碱工业的基建和技改共投入6.4亿元；采取一系列经济政策：调价、提高折旧率；技术进步成绩显著；小联碱已成为不可缺少的力量；企业整顿、"三创"活动成绩显著；已批准建设三大氨碱厂。会议讨论了"七五"期间三大任务，即：年增长率要求达到7%；按期完成各项基建技改任务；重点企业的生产水平、技术水平要赶上或接近世界水平。

6月，伊克昭盟化工研究所承担的国家"星火计划"项目"天然碱（日晒碱）水溶法制纯碱工业试验"在该所动工，1987年试车并生产出优质纯碱。该成果获得自治区科技进步一等奖。

6月，山东荣成化肥厂年产2万t小联碱装置建成投产。后扩大为4万t/a，1994年更名为山东恒大集团总公司。

8月，大化公司增建联碱三系统基建项目竣工验收，核定该厂联碱法生产能力为年产纯碱及氯化铵各 30 万 t，纯碱总能力为 75 万 t/a。

10 月，内蒙古自治区乌海市化工厂年产 5 万 t 纯碱（氨碱法）工程建成投产。

11 月，核工业总公司纯碱分厂（简称包头光华纯碱厂）年产 1 万 t 氨碱法纯碱装置投产。1994 年扩大为 2 万 t。

11 月，四川广汉化工总厂年产 2 万 t 小联碱装置建成投产。该厂在流程配置上与其他厂略有不同，1994 年改组为广宇化工股份有限公司，1995 年能力扩大为年产 4 万 t。

湖北省化工厂由 1986 年开始挖潜改造，1990 年达到 19 万 t/a；1993 年达到 22 万 t/a；1996 年达到 30 万 t。

1987 年

1987 年 2 月，自贡鸿化厂"鹤"牌小苏打获国家优质产品银牌奖。接着 1988 年又获首届中国食品博览会金奖。

5 月，由第八设计院和自贡鸿化厂联合研制的自然循环外冷碳化技术于 5 月 18 日通过部级鉴定。评语为："国内首创，具有国际先进水平，是纯碱行业一个重大技术进步。"1989 年 2 月，中国专利局授予专利权并发给发明专利证书，同时获国家科技进步三等奖。此项技术已推广到 10 个联碱厂。

8 月，中国纯碱工业协会在大连召开成立大会。王家敏当选为理事长。傅孟嘉、李永金、蔡超群、王宗岩、方天钺、刘世光、谈泽贤、韩际友、包友兴为副理事长，底同立为秘书长。

9 月，新都氮肥厂评为第二代小联碱样板厂。该设计（化工部第八设计院设计，采用成熟新技术：自然循环外冷碳化塔，新型密封结构的自身返碱蒸汽煅烧炉；氯化铵结晶器造粒，外冷器液氨制冷；流化床凉碱；埋刮板输送粉体物料；简仓散存；带式过滤机过滤氨Ⅱ泥等，设计中还采用了鳞片树脂和超低碳不锈钢等新的防腐材料）获 1988 年度化工部科技进步一等奖。1990 年获国家科技进步二等奖。

9 月，四川简阳红塔氮肥厂年产 1 万 t 小联碱装置建成投产。

10 月，山东莱州盐场纯碱厂新建 4 万 t/a 氨碱法纯碱装置建成投产。

11 月，河南孟县第二化肥厂 4 万 t/a 联碱装置建成投产。该厂于 1993 年更名为金山化工总厂。

11 月，浙江余杭县良渚化肥厂年产 2 万 t 纯碱的小联碱装置建成投产。

11 月，辽宁大连旅顺化肥厂年产 2.5 万 t 联碱装置建成投产。

1988 年

1988 年 2 月，安徽淮南东风化肥厂（后改名皖淮化工厂）年产 4 万 t 纯碱及氯化铵联碱装置建成投产。

4月，四川乐山市天然气化工厂年产4万t纯碱及氯化铵联碱装置建成投产。

5月，江苏昆山化肥厂年产4万t纯碱及氯化铵联碱装置建成投产。1994年该厂改称昆山锦港实业集团公司。

7月，湖南国营二七二厂年产2万t氨碱法制纯碱。装置建成投产。

8月，甘肃国营二七九厂年产2万t氨碱法制纯碱装置建成投产。

8月，四川富顺化肥厂年产4万t纯碱及氯化铵联碱装置建成投产。后工厂改制为四川龙都化工股份有限公司。

8月，福建福州氮肥厂年产4万t纯碱及氯化铵联碱装置建成投产。1995年能力扩大为6万t，更名为福州市耀隆工贸总公司。

9月，陕西省南郑县氮肥厂年产2万t纯碱及氯化铵小联碱装置建成投产。

10月，西安氮肥厂年产4万t纯碱及氯化铵联碱装置建成投产。

11月，内蒙古伊克昭盟化工研究所所长李武被评为全国"有突出贡献的中青年专家"，1992年获乌兰夫基金奖金奖。

1989年

1989年3月，湖南省湘乡化工厂年产4万t纯碱及氯化铵联碱装置建成投产。

3月，武汉制氨厂年产4万t纯碱及氯化铵装置建成投产。1995年该厂依法破产后被湖北双环化工集团公司整体收购，更名为湖北双环化工集团公司武汉联碱厂。

3月，四川五通桥峨眉盐化公司纯碱厂年产4万t纯碱及氯化联碱装置建成投产。

8月，湖北省应城市联碱厂年产4万t纯碱及氯化氨联碱装置建成投产。

7月，内蒙古自治区查干诺尔碱矿建成并投入试生产，规模为年产天然碱50万t，烧碱与小苏打各5万t。

1990年

1990年7月，建于中型氮肥厂云南沾益化化肥厂内的4万t联碱装置开工生产。

8月9日，化学工业部与中国科学技术协会联合在人民大会堂举行纪念侯德榜100周年诞辰大会，顾秀莲部长主持会议，中国科协副主席朱光亚作了题为"创造性地发展民族工业的先驱"的报告，国务委员宋健代表中共中央和国务院讲话，出席大会的还有中共中央书记处候补书记温家宝、全国人大常委会副委员长严济慈、全国政协副主席卢嘉锡等。

8月10日，中国纯碱工业协会、中国化学会联合召开的纪念侯德榜100周年诞辰大会暨侯德榜塑像揭幕大会在天津碱厂举行。化工部顾秀莲部长、天津市聂璧初市长为塑像揭幕。来自全国纯碱行业的 160 余名企业领导、专家、学者以及侯德榜的家属和天津碱厂职工参加了纪念活动。会上还举行了学术交流和新技术成就展览。与此同时在南京、福建、四川、大连等地也举行了纪念活动。南化公司建侯德榜半身塑像。

8 月，由中国纯碱工业协会主编的《纯碱工学》出版。该书是为纪念侯德榜100 周年诞辰而编写的。编委会由李祉川等 11 人组成。编写组由王楚、叶铁林等 19 人组成。该书于 1992 年 12 月获全国第六届优秀科技图书二等奖。

10 月，天津碱厂年产 5 万 t 液相水合法重质纯碱生产装置投产，使用该方法的年产 20 万 t 生产装置于 1992 年投产。该方法已于 1988 年 8 月通过了天津市的鉴定。

12 月，《化工先驱侯德榜》一书由天津人民出版社出版，该书由郑开宇任主编。严济慈题词，刘曾坤作序。书中收录了姜圣阶、李祉川、黄鸿宁、郭炳瑜、段志骏、沈撰、陈西平、杨建猷、汤玮、戎寿昌、叶铁林等同志的纪念文章。

1991 年

1991 年 4 月，化工部在湖北省化工厂召开全国纯碱生产技术年会，会议回顾总结了"七五"期间纯碱工业的成绩与经验，讨论研究了纯碱工业发展的十年规划和"八五"计划的基本思路，并针对 1990 年遇到的市场疲软、成本上升、用户大量欠款等困难研究了措施。会议总结了"七五"期间纯碱工业的十件大事，即：纯碱年年超额完成计划；结束了连续十五年进口纯碱的历史；纪念侯德榜 100 周年诞辰；三大氨碱厂开工生产；举行小联碱 20 周年纪念活动；完成连续三年的氯化铵肥效试验；企业升级成绩显著；中小碱厂达标升级活动开展，已有 15 个工厂达标；按工序进行装置的分析对比与优化组合；"七五"末期纯碱销售疲软，全行业效益下降。

5 月，天津碱厂碳化塔采用计算机控制技术通过了化工部和机电部的技术鉴定。该成果获化工部科技进步二等奖和国家科技进步三等奖。

12 月，伊克昭盟化工研究所天然碱（日晒碱）制普通重质纯碱和优质粒状重质纯碱工业技术获国家科技进步二等奖。

12 月，天津碱厂 60 万 t 纯碱扩建工程先后获国家质量奖、评奖委员会银奖和化工部优秀工程设计一等奖。

1992 年

1992 年 6 月，青海省德令哈碱厂建成投产，该厂采用氨碱法制碱，规模为年产 4 万 t。2007 年经技改、扩容，生产能力达到 10 万 t。

1993 年

1993 年 8 月，速达碱业有限公司于 28 日召开成立大会，化学工业部部长顾秀莲、副部长贺国强、谭竹洲、李士忠，原副部长林殷才及新任命的各司局领导到会祝贺。顾部长在讲话中对公司成立的意义、发展前景做了指示，着重提出行业管理的问题，要求公司、协会两位一体，把行业的事办好。

根据公司章程规定，董事会推举并经化学工业部同意，由傅孟嘉任董事长、底同立任总经理。

新疆维吾尔自治区哈密纯碱厂建成投产，规模为年产纯碱 8 万 t，采用氨碱法。

1994 年

1994 年 2 月，广东省广州市南方制碱公司新建的年产 20 万 t 氨碱法纯碱装置于 2 月 6 日开工生产。该项目由地方集资建设，设计中采用了真空蒸馏、盐水精制、卤水提硝等多项新技术。

9 月，内蒙古自治区吉兰泰碱厂建成投产，该厂采用氨碱法工艺，引进了重质碱生产及过滤装置，规模为年产纯碱 20 万 t。

11 月，国务院确定 100 户国有大中型企业按照《公司法》及有关法规进行现代企业制度试点，唐山碱厂被列入试点企业。1995 年更名为唐山三友碱业（集团）有限公司，1996 年正式运行。

12 月，国家计委批准建设甘肃白银纯碱厂项目建议书，该厂规模为 20 万 t。

11 月，化工部第一设计院（天辰工程公司）设计的山东潍坊纯碱厂工程获国家优秀工程银奖。

1995 年

1995 年 12 月，青岛碱业股份有限公司纯碱生产通过 ISO 9002 质量体系认证，是纯碱行业首家。

1996 年

1996 年 7 月，化工部第八设计院纯碱专家周光耀总工程师当选中国工程院院士。10 月，化工部第八设计院的唐山碱厂工程设计获化工部优秀设计一等奖。

1996 年 7 月，国家经贸委批准的大化公司 18 万 t 氨碱改联碱工程建成投产。该公司纯碱总规模仍为 75 万 t/a。

12 月，按照国家经委、国家计委、国家统计局、财政部、劳动人事部《关于发布〈大中型企业划分标准〉的通知》精神，根据国家六部委认证、核实，纯碱企业划型在大型二档以上的名单如下：

特大型企业：以纯碱为主的企业 4 个，即天津渤海化工集团公司、大连化学工业公司、南京化学工业公司、山东潍坊海洋化工集团有限公司；内设联碱车间的 2 个，即吉林化学工业公司和太原化学工业集团公司。

大型一档企业：以纯碱为主要产品的 7 个，即青岛碱厂、自贡市鸿鹤化工总厂、湖北双环化工集团公司、唐山碱厂、内蒙古伊克昭盟化学工业企业集团、金昌化工总厂、合肥化肥厂；内设联碱车间的 5 个，即石家庄化肥厂、柳州化肥厂、兴平化肥厂、云南沾益化肥厂、湖南湘江氮肥厂。

大型二档企业：以纯碱为主要产品的有 8 个，即焦作化工三厂、新都氮肥厂、乌海化工厂、杭州龙山化工总厂、重庆碱胺实业公司、郑州水晶股份有限公司、石家庄市联碱厂、昆山锦港实业集团公司；建有联碱装置的 3 个，即江西氨厂、江苏华昌集团公司和山东恒大化工集团总公司。

12 月，山东潍坊纯碱厂填平补齐工程完工，纳入生产系统。纯碱生产总能力达 80 万 t／a。

2005 年

2005 年 6 月 28 日，世界纯碱大会在北京召开。全球纯碱有关生产企业、研发机构和设备制造商等人员，来自 27 个国家的 121 名国外代表和国内 45 家企业 70 多位代表参加大会。到会的各国代表进行了生产技术交流，对中国纯碱工业的发展十分羡慕。会后外国代表参观了河北省唐山三友集团有限公司纯碱厂。

6 月，青海碱业公司 90 万 t／a 纯碱建成试车。

10 月，河南省桐柏县安棚碱矿年产 40 万 t 纯碱技改扩建 2004 年 10 月开工，投资 6 亿元，2005 年建成投产，使安棚矿总能力达 70 万 t，并使工艺流程缩短、能耗下降、自控水平提高。

12 月，天津碱厂搬迁改造工程正式开工。将整体搬迁到渤海化工园，形成综合性大型化工企业。计划 2007 年完成。2010 年联碱投产。

2006 年

2006 年 5 月 17 日，大化集团搬迁改造工程 60 万 t／a 联碱装置初步设计通过专家审查。

6 月 5 日，山东海化股份有限公司氯化钙厂 20 万 t／a 氯化钙新项目投产。至此，海化固体氯化钙生产能力达 35 万 t／a，跃居世界首位。

2007 年

2007 年 10 月，投资 13 亿的重庆索特公司 60 万 t／a 联碱工程，自 2006 年 10 月 1 日开工以来，到 2007 年 10 月 24 日正常运行。

6 月 5 日，国内最大的天然碱综合加工项目——河南桐柏 150 万 t 纯碱、碳酸氢钠（小苏打）项目开工建设。该项目集 14 项专利技术于一身，在中国制碱行业首次实现污水零排放。项目投产后，桐柏地区天然碱制碱年产能力近 300 万 t，将成为世界天然碱制碱业双雄之一。

河南省桐柏县有"中国天然碱之都"的美誉，已探明的安棚、吴城两大矿床总储量达 1.5 亿 t，远景储量 3 亿～5 亿 t，位居亚洲第一、世界第二，原矿价值超过 2 000 亿元。依托境内天然碱资源的强大优势，桐柏县从 1997 年开始推进天然碱产业发展，年产能力逐渐接近 150 万 t，初步建成了中国天然碱循环经济基地和生态基地。

桐柏县天然碱综合加工项目采用了世界领先的倍半碱流程液相水合法、一水法、碳化法等生产工艺，以及深层压裂连通溶采等 14 项专利技术。同时，淘汰了原工艺中有污染的苛化工序，在生产过程中不用生石灰，没有苛化泥外排。废水闭路循环利用，达到了零排放。

据了解，该项目生产的全部为重质纯碱，将对纯碱行业产品的结构调整产生积极影响。

2008 年

2008 年 6 月 19 日，我国第一个单期建设规模达到百万吨的纯碱项目——金晶集团山东海天生物化工有限公司年产 100 万 t 纯碱项目投产仪式在潍坊举行。

该项目总投资 18.5 亿元，具有规模大、品种全、档次高等特点，年产规模达 100 万 t，是目前国内首个单期建设规模达到百万吨级的纯碱项目，其规模处于国际领先水平。在产品结构中，该项目年产低盐优质重质纯碱 40 万 t、普通重质纯碱 40 万 t、轻质纯碱 20 万 t，可满足不同客户的多种需要。同时，重质纯碱的比例达到 80%，有助于提升我国纯碱产品总体水平。

10 月，在国家发改委最近公布的《国家重点节能技术推广目录（第一批）》50 项重点节能技术中，"新型变换气制碱工艺"作为攻克纯碱行业节能减排的利器而入选。据中国纯碱工业协会分析，该技术可使我国纯碱能耗由目前的 10 000～15 000 MJ 降至 8 000 MJ，制取吨碱单位能耗可降低 30%。运用该技术，原料盐利用率可达 99%，原料氨利用率可达 96%。

这一新工艺是 20 世纪 90 年代以来，由我国制碱专家、中国工程院院士周光耀领队，中国成达工程公司与石家庄双联化工公司合作开发的成果。经原国家石油和化学工业局鉴定，该技术属国内外首创。在合成碱领域处于国际领先水平。这项新工艺为我国合成碱技术的发展开创了一条新路。

2009 年

2009 年 4 月，青海昆仑碱业有限公司成立暨年产 100 万 t 纯碱项目开工。该公司是内蒙古吉兰泰实业股份有限公司和青海海西州蒙西联碱业有限公司共同组建的纯碱生产和销售企业。该项目为氨碱厂，投资 25 亿元。

2011 年

2011 年 8 月 7 日，中盐青海昆仑碱业有限公司 100 万 t/a 纯碱工程项目一次性投料试车成功。这是继中盐吉兰泰氯碱化工有限公司 40 万 t/a 聚氯乙烯工程后，中盐集团又一重大项目竣工投产，将使中盐吉兰泰公司纯碱年生产能力达到 140 万 t。

中盐青海昆仑碱业公司成立于 2008 年 6 月，总投资 22 亿元，2009 年开始兴建 100 万 t/a 纯碱项目，工程配套建设 180 万 t/a 湖盐开采项目、30 万 t/a 煤矿开采项目和 120 万 t/a 石灰石开采项目。工程选址于青海省德令哈市循环经济工业园。

该项目采用氨碱法制碱工艺，结合了国内外同行业先进技术，装置能力居行业领先水平。产品主要为重质纯碱、轻质纯碱和食用碱。工程建成后，预计每年可实现销售收入 12 亿元、上缴税金 2.6 亿元。

2016 年

2016 年 3 月 17 日，中盐昆山有限公司迁建年产 60 万 t 纯碱投产。

2017 年

2017 年 4 月，河南金大地化工有限责任公司 20 万 t 食品级小苏打土建开工。

附：纯碱与氯化铵生产工艺技术鉴定证书中的结论意见

1. 技术结论

第一，大连化工公司采用的二次吸氨，一次碳化，一次加盐，先冷析、后盐析，连续生产的联合制碱法工艺流程，通过三年来的试生产，证明在技术上是成熟的。

第二，生产设备基本上适用，运转正常。生产操作是稳定的，生产能力已达年产 8 万 t。

第三，产品质量符合要求，纯碱纯度达 98%，氯化铵纯度 95% 以上。氯化铵粒度平均：盐析为 0.2～0.3 mm，冷析为 0.5～0.6 mm。

第四，主要技术经济指标：氨耗为 324 kg，盐耗为 1.2 t。两种产品总成本为 257.8 元，与等氮量的硫酸铵和氨碱法的纯碱成本相比约低 60 元。因此，经济上是合理的。

2. 推广意见

联合制碱是一种新的生产纯碱和氮肥——氯化铵的好方法，是我国在技术上奋发图强、自力更生、敢于创造和坚持革命的结果。它与传统的氨碱法比较，可革除石灰窑、蒸氨塔、化灰桶等庞大设备，并免除了大量的废液、废渣排出，建设投资约可节省四分之一。同时，用这种方法生产氮肥，既可节省硫酸、硝酸等原料，又能充分利用原盐，并使基建投资低于一般固体氮肥。因此，今后应当结合新厂建设和老厂改造，因地制宜地推广。

参 考 文 献

[1] 大连化工研究设计院. 纯碱工学 [M]. 2版. 北京：化学工业出版社，2004.
[2] 大连化工研究设计院. 中国近代化学工业史 [M]. 北京：化学工业出版社，
2006.
[3] 叶铁林. 天然碱——资源、地质、开采、加工 [M]. 3版. 北京：化学工
业出版社，2013.
[4] 李武，叶铁林，潘洁. 中国天然碱工业 [M]. 北京：化学工业出版社，
1994.
[5] 当代中国编辑部. 当代中国的化学工业 [M]. 北京：中国社会科学出版社，
1986.

内 容 索 引

刘季芳　48，87，90，109

刘嘉树　27，45，48，86

李祉川　48，85，87

M

马牙碱　19，109

母液Ⅱ（MⅡ）　51

母液Ⅰ（MⅠ）　52

毛泽东　39，43，44，81，108

N

浓晶碱　24

P

PCS7　72

泡花碱　5，24，27

片碱　19

彭涛　48，110

Q

浅槽化碱　29

轻质纯碱　2

R

溶采井　22

日晒碱田　28

S

苏打石　17

索尔维　15，51

索尔维法制碱　15

十水碳酸钠　3，12

色碱　45

石家庄联碱厂　58，68，114

苏尼特碱业　33

孙学悟　100

T

天辰工程公司　105，123

天津碱厂　43，46

天然碱　16，18，24，25